Nachgefragt:
Medienkompetenz in Zeiten von Fake News

Basiswissen zum Mitreden

向下扎根！
德國教育的公民思辨課 ——— 7

過濾氣泡、假新聞與說謊媒體
我們如何避免被操弄？

有自覺使用媒體的第一步

Manfred Theisen 曼佛雷德‧泰森｜文
Verena Ballhaus 薇瑞娜‧巴浩斯｜圖

王榮輝｜譯

目錄

1 舊媒體與新媒體 25
Alte und Neue Medien

2 假新聞。巨大的不確定性 41
Fake News. Die große Verunsicherung

3 假新聞一直存在 57
Fake News gibt es schon ewig

4 民粹主義者、政治人物與媒體 67
Populisten, Politiker und die Presse

5 你的個資與新媒體的力量 83
Deine Daten und die Macht der Neuen Medien

6 歡迎來到智慧型手機的世界！ 91
Willkommen in Smartphonia!

7 網路霸凌與仇恨言論 107
Cybermobbing und Hate Speech

過濾氣泡、假新聞與說謊媒體——我們如何避免被操弄？

總導讀 # 「借鏡」德國教育的公民思辨課

沈清楷 | 比利時魯汶大學哲學博士

「向下扎根！德國教育的公民思辨課」這套書系列開頭三本，分別是〈人權與民主篇〉、〈政治篇〉、〈哲學篇〉，它假設了，人活在民主的共同體與世界中，所不可或缺的基本知識。

什麼是「基本」知識？它指的是每一個人都要會的。很可能是我們自以為會的東西，而我們卻不懂或早已遺忘的。另一方面，「基本」知識也可能代表一種「理所當然」的知識。不過，那些我們以為理所當然的事情，卻可能是有問題的，而早已成為我們思考或推論的前提。若是如此，我們依據「所謂的」理所當然所推論出來的東西，會是錯誤或是帶有偏見的。是否因為我們缺乏反思這樣理所當然的機會，而一再積非成是？

就是人在質疑「理所當然」，並且重新回到「基本」，反思自己的前提以及背後整個價值系統，才能更理解自身，澄清思考與行動基礎的來源。即使這樣回到基本的過程中，最後了解到自己過去所認識的是盲目的，這也是一個重新認識自我的開端。

1. 對人的想像

當我們談論人性尊嚴，看似是自然而然的，或是將它視為一個不可侵犯的價值，然而人性尊嚴的確立，在西方歷史上卻經過一個漫長的道路，歷經「神權、君權、人權」不斷抗爭的過程，才稍稍地在制度上肯定人之為人的價值，逐漸地確立國家必須為了保護人民而存在。不過，即使一個再完

善的制度，如果不被監督、無法自我反省，它將會反過來，逐漸從「讓人自由」變成「讓人成為奴隸」，制度也會從保障自由轉變成箝制個人自由的枷鎖。

因此，儘管人類看來變得所謂文明了，卻依然有奴役與剝削他人的現象，相互蔑視而無法相互肯認，為了自己的利益不惜犧牲他人，甚至更多的機巧輔助了一種更大的殘忍，文明無法讓我們停止懷疑人性、擺脫人類固有的自私，人依然壟罩在「我是誰」的巨大謎團當中。但是我們也發現到一些充滿希望的靈魂，他們認為人對自己有責任，相信存在的勇氣，面對任何的不公不義，努力介入，並思索著既然我們並非那麼相信人性的良善，人會被惡所引誘，那麼應該建立起一個好制度。不過，任何的制度都可能避免不了腐化，透過制度來圖利自身，而形成更大的惡。即使一個標榜人民主權的民主國家，它會是保障人權價值的良心所在，也可能變成一塊遮羞布。一個國家是否民主，是依它能保障多少「個人」的人權做為指標。

根據《世界人權宣言》揭櫫所保障每個人享有的權利與自由「不因種族、膚色、性別、語言、宗教、政治或其他見解、國籍或社會出身、財產、出生或其他身分等，而有任何差別；並且不得基於個人所屬之國家或領土上政治、法律狀態或國際地位的不同而有所區別。」《世界人權宣言》明示著人性尊嚴必須不斷捍衛，必須避免苦難重覆不斷地發生在每個人身上。自1948年宣讀開始，根據捍衛不同形式的人權，許多跨國性組織不斷地催生、集結，規範並制止現代國家用各種形式迫害自己的人民。透過一次次的救援行動，對那些不被聞問的弱勢個體，伸出援手，將個人良心凝聚成集體的關懷。如著名的國際特赦組織，試圖營救威權統治下的異議

分子，反對國家可以不經正當程序，就隨意地逮捕、監禁、施加酷刑，甚至在毫無辯駁的情況下不明不白地被處死。在台灣過去的戒嚴年代，也曾因為國際特赦組織的援助，將威權時代那些勇敢爭取人權的人拯救出來。

〈人權與民主篇〉透過聯合國人權理事會、聯合國兒童基金會、無國界記者等堅持基本人權價值的眾多不同組織的介紹，不僅對照出那些虛弱悲觀靈魂的自怨自艾，而助長了壓迫與自私，也提醒了我們：是否對那些一波波正向我們侵襲而來的不公平浪潮渾然不覺？是否我們對人如何朝向共善的想像依舊不足？

2. 政策只能由政府主導嗎？

沒有人可以獨自生活，在共同生活中也不存在一種永久和平：人會彼此爭吵，甚至武力相向。當然，如果在共同生活中，找到一種協調的方式，不僅使得人與人之間不至於陷入永恆的衝突，還可能基於某種理想的設定，增進彼此的利益，產生一種良性的互惠，增進整體共同的善，讓「公共性最大化」。無論如何，共同生活中，我們必須要去設定一個共同努力的目標。然而，政治中所有利益的角力不見得是以公共化為主，反而有許多不同的力量，企圖將公共利益變成私人利益，因此，政治制度的設計和反省有其必要性。我們政治制度的反省有兩種，一種是效益性的反省，另外一種是從價值面的反省。因為政治制度容易淪為官僚化，看起來具有某種程度的效益，卻也容易陷入「依法行政」而導致「惡法亦法」，讓保護人民的法律僵化在形式主義的思維當中，也因此，當政治制度無法被反省，無法回到原初設計的價值設想當中，就容易陷入一種政治危機。

當我們問：政治是什麼？同樣也在問我們要什麼樣的政治？政治是否只是少數政治人物在媒體上讓人厭煩的喧囂？當我們具有一種判讀能力，還是可以在這些喧囂中辨識出真假與良善之所在。而最讓人擔心的是人們對政治的冷漠，乃至於進入到「去政治化」的狀態之中，因為去政治化的語言，就是一種用來鞏固保守勢力的政治化的修辭，進一步地讓政治孤立轉換成個人存在感的孤單，讓不談政治變成一種清高的道德姿態，當政治用更加複雜的語言試圖讓你覺得不用、也不需要知道政治人物在做什麼的時候，這就是我們應該要警覺的時候，因為政治之惡可能在我們的冷漠與無感當中發生。

　　〈政治篇〉從公民權到聯邦制的介紹，從政黨政治、權力分立到法案通過，以及各種不同的政治理論從左右光譜到各種主義如資本主義、自由主義、社會主義、共產主義所代表的不同含義，乃至於稅收與分配的問題，到尖銳的金錢與政治之間的關係，擁有公權力者的利益迴避原則，以及媒體作為第四權如何監督這些擁有權力的人。從關心自己的國內政治到國際地緣政治的思考：日內瓦公約、北大西洋公約組織、冷戰、歐洲共同體以及聯合國安理會、國際刑事法院等這些不同組織的介紹，說明一種政治教育的廣度，提供我們理解，作者想要傳遞什麼樣的政治思考給下一代。

　　歐洲極右派的出現，甚至新納粹的發生，以及來自於恐怖主義的威脅，德國人是否應該堅持哪一種國家主權的辯解，而對於難民、移民置之不理？還是去理解排外情緒如何被操作以及某種冷靜理性思考的必要？政治教育的目的，不僅給未來的政治人物參考，也提供現在的政治人物機會去反思從政的目的，如果不是競逐利益的話，提醒他們原初對公

共性嚮往的從政初衷。

3. 我和世界

「何為哲學？」這雖然是大哉問。我們依然可以從哲學這個學科所面對的事情來理解「哲學是什麼」。哲學面對「存在」（being）的問題，從而去思考存在以及這個世界背後的原因原理、去思考什麼「是」（being）真的、人如何存在（to be）、行動（動機到結果之間的關係）。或者我們可以簡單化約為兩個，面對「世界」和面對「自我」，接下來所面對的是「兩者之間的關係」。哲學要求針對以上這些問題進行後設思考，不僅反思各種可能性，還在可能性中尋找可行性。也就是靜下心去思考那些被我們視為理所當然的事，這些理所當然也往往充滿了條件性的偶然。

古希臘哲學家高吉亞（Gorgias）宣稱「無物存在、即使存在也無法認識、即使認識也無法告訴他人」，徹底質疑我們所謂的理所當然：「存在」、「認識」、「人我溝通」，雖然他正在把他的認識告訴我們，而產生自相矛盾，卻也提供對我們認識確實性的反省。到笛卡兒（René Descartes）提出「我思故我在」，主張即使懷疑也必須有個懷疑的我，即使被欺騙也要有一個被欺騙的我，我們得出一個不可懷疑的我，或是更精準地說是那個思考我的確信。不過，這個「思考我」的存在如果沒有進一步填充其內容，它卻很可能是空洞的。

我們可以在廣義的存在主義者身上，看到人雖然肯定自我存在，但卻會是一種空洞的確信，人因而不斷地焦慮著自身存在的意義，而產生了虛無感。存在是一種行動，而行動則是不斷地面臨選擇，因此選擇成為一個人在面對自我及其行動不可避免的態度，雖然如沙特（Jean-Paul Sartre）所說的

「不選擇，也是一種選擇」，但是為了避免「選擇」一詞語意過於空洞，而迴避了選擇，我們則可以進一步說「選擇的選擇」和「不選擇的選擇」是兩個不一樣的選擇。

人有選擇的前提，在於他擁有自由，雖然這樣的自由是有局限的。人只要依自己所認為的、所希望、所欲求的⋯⋯自由地去行動，他就必須擔負起行為的後果。因此，自由與責任之間是密不可分。不過，當我們進一步將真、假問題放進自由與責任中，就會展開一連串的辯證，從而了解到自己並非如此的自由，或是責任可能成為他人剝削我們的道德話術等等。

〈哲學篇〉中，作者不採取哲學史或概念系統的方式寫作，試圖將哲學知識「化繁為簡」，並建議我們「隨意翻閱」，是因為我們總是要有個機會脫離系統性的知識建構，但這並非意謂著「隨意閱讀」，而是放開既定的框架，留有餘裕地重新思考我們周遭以及自身上所發生的事情。

結語

當我們羨慕歐洲的教育制度之際，羨慕人才養成是多麼優秀，這並非是人種的聰明才智，而是教育制度與外在環境所形塑出來的。「人性無法進化」，我們無法將自己所累積的知識、經驗，透過遺傳讓下一代自然獲得，因此，一旦，我們不認為知識的傳遞是必要的，上一代所累積的知識將一點一滴的流逝，過去的知識，若是不透過教育傳承，前人苦思反省所得到的智慧注定消失，人將會從頭開始，不斷地重來，包括重複著人性中的殘忍與貪婪。不過，人類文明的發展中，它卻可以藉由制度創造某種良善的基礎，在教育中緩解人性中無法避免的貪婪。在這套「向下扎根，德國教育的

公民思辨課」的叢書出版之際，台灣現行的12年國教課綱，將最能帶給學生反思能力以及國際交流能力的學科——社會科（歷史、地理、公民）的必修時數，從8小時變成6小時。「借鏡」這套書，或許可以幫我們思考台灣教育改革之「未竟」，台灣現行的教育制度中，遺漏了什麼？

一份給青少年 <small>總導讀</small>
參與社會討論的基礎知識

陳中芷 ｜ 自由寫作者

　　儘管台灣書市好不容易藉著《哈利波特》打破了僅為考試與
教化的閱讀慣性，開啟了「一無是用」純智性與想像的奇幻
世界，除此之外，適合青少年閱讀的書在哪裡？大人常說開
卷有益，學校要求經典閱讀，社會鼓勵書香風氣，但是放眼
書市，除了兒童繪本，絕大多數是以成人思維編輯出版的各
種書籍，逼著中學生早早啃讀所謂的經典名著，可惜的是，
超齡閱讀不會帶來超齡的興味。青少年這個尷尬的年齡層，
有屬於自己的好奇與困惑，經歷小學階段之後，對家庭與社
會有不一樣的觀察，嘗試摸索自己的定位，繪本與經典遠遠
不能滿足青少年獨特的閱讀需求。這一套書《Nachgefragt:
Basiswissen zum Mitreden》是希望在奇幻文學之外，提供
給年輕讀者另類選項，若是他們在疲於篩選與掙扎於規訓之
下，依然不忘探問世界與思索自身時，還有一些不會壞了胃
口與品味的閱讀選擇。

　　這套書前三冊〈哲學篇〉、〈政治篇〉和〈人權與民主
篇〉，是從德國一個青少年系列叢書中挑選出來的。這叢書
的德文副標題為「參與討論的基本知識」，標明了編輯立意
是專為青少年而寫的入門書。引領什麼呢？引領青少年進入
公民社會。公民社會並不抽象也不遙遠，就是從如何共同生
活開始。而共同生活是從認識自己開始，認識自己始於好
奇，好奇也是一切知識與思索的起點。從窮究所見所聞，到
發展出自己能思會想，進而得以與人對話，捍衛自己的主

張，傾聽他人的需求，釐清公與私的界線，知道政治的運作，明白個人在社會上的權利與義務；這一切從個人認同到公民身分的理解不會憑空而來，需要某些背景知識。這套書從哲學、政治與人權三個角度，勾勒出一份完整公民教育的基礎知識，提供給青少年在成為正式公民擁有投票權之前，一個思考求索的依憑。

〈哲學篇〉寫的不是哲學史，而是針對青少年提出基本哲學問題，也就是「思考」這回事，以及「如何認識自己」這個命題。全篇從生命關注開始，之後進入哲學史概覽，從古典到現在，囊括整個歐陸哲學發展的大脈絡，收尾落在一個問題：在現代科技不斷翻新進步之下，人又該如何認識自己。作者不單介紹哲學家，也善於組織哲學家的理論思維，以簡化的方式重新提問，隨手撿拾這些哲學思想在生活中的運用，比如德國有名的萊布尼茲餅乾、綠色和平組織所引用謝林的話：錢買不到吃的。書中舉的例子和假設的情境貼近青少年生活，並且兼顧某些哲學思維在歷史脈絡的前後關聯。

〈政治篇〉是從日常生活的面向解釋何謂政治。政治，不僅在台灣，在德國日常生活中，也常以負面形象出現，被鄙夷被唾棄，甚至冷漠以待，但是政治的影響力卻散發在所有生活領域裡，有必要正眼以對，看清楚其中權力關係下自身的權利與義務。這本書裡介紹的議題都是現代民主政治裡的基本問題，從個人到國家、歐盟、國際關係，到非國家組織，描寫出一個非常清楚的圖像：「我們」如何被統治；在各不同層級的政治機構之間，如何規範和保障了我們的共同生活？最後收尾收在，兒童在政治場域裡可以做什麼？而我們如何共同生活，也就決定了在家、在村、在城乃至在國，我們如何追求共同的幸福感（wohl fühlen），這是古典政治學

裡所揭櫫，卻在現代失落的最高理想。此外，本書雖然是以德國的政治現狀解釋給德國的青少年，但是，台灣法政制度多方面襲自德國，書中所提供的法政背景對台灣讀者也有所助益。

現代民主政治的基礎在於人權。〈人權與民主篇〉成書於2008年，尚未觸及台灣當前最熱門的婚姻平權議題。作者從更基礎而廣泛的方式解釋了「人權」概念的三代發展，人權與國家權力之間彼此制約又互相保證的辯證關係，以及透過許多非政府的人權組織勾勒出現代世界人權的圖像，藉著各種國際社運團體呈現出當代為人權努力奮鬥的未竟之業。當我們對人權有更深刻的理解，也就會對當代的婚姻平權議題的爭議有更清晰的價值取捨。貫穿全書而未明言的軸心是1948年通過的聯合國《世界人權宣言》。這篇宣言總結了前代人的受困經驗，奠定了當代人權的基本格局，本書許多篇章包含人權訴訟、新聞自由、平等受教權等等，都在呼應聯合國30條的人權宣言。書末筆者以聯合國中英德三種官方譯本互校，附上一個讓青少年容易理解的世界人權宣言版本，雖然不能取代正式的官方版本，但足以參考。

這類給青少年看的導論型書籍在德國書市不少，但能寫得舉重若輕的也不多見，這系列叢書從90年代起出版一直是風評極佳的長銷書。作者克里斯汀‧舒茨－萊斯擔任過編輯，後來成為兒童青少年書籍的專業作者，擅長以生活化的例子解釋抽象的政治文化概念，文字簡明架構簡潔。這套書不僅是議題更是寫作筆法值得做為台灣出版借鏡，希望作者務實而全面的引導，帶給青少年讀者更犀利的思考能力和更能參與社會表達自我的發言能力，以面對當代複雜多端的公民社會。

數位時代更須要做好傳播的主人

胡元輝｜中正大學傳播學系暨電訊傳播研究所教授、優質新聞發展協會理事長

媒體如何運作？媒體工作者又是什麼樣的一群人？如果拿此問題來詢問我們身邊的朋友，答案可能頗為紛歧，即使不是言人人殊，至少沒法定於一尊。從某個角度而言，此係多元社會的必然結果，但究其實，卻可能反映了大眾對媒體與媒體工作者的各種錯誤認知。

早期有不少人將新聞工作者視為報導內幕、揭發真相的英雄，他們為了向社會傳遞真實的訊息，甚至不惜讓自己身陷險境。如今，新聞工作者的「無冕王」的稱號已經日漸式微，取而代之的則是「無腦人」的形象，似乎這群工作者所在意的只是閱聽眾的歡心，甚至為了爭取大眾的眼球，可以枉顧真實，泯滅良心。

新聞工作者究竟是一群捍衛真相的英雄？還是一群爭奪眼球的狗熊？熟悉媒體工作實況的人皆知，以上兩者都是不切實際的圖像。因為媒體組織中的新聞工作者，不僅受到內部層層節制，更受到外部政經結構的影響，非一人可以決定新聞的樣貌。大多數記者的日常工作與處境，遠比英雄與狗熊這兩種迥異的圖像來的複雜，來的多元。

同樣的，在數位時代的今天，如果要說每個人都可以是記者，都可以是作家，應該不算虛言，但此類描述所帶給人們的「光明」前景，卻似乎是遙不可及的憧憬。經過一段時間的發展，我們已逐漸發現網際網路等新興媒介雖然給予人們無比的表現機會，亦提供民主無限的運用潛能，但虛擬世界未必開放無礙，更常常是理盲當道，它似乎也「複製」了

實體世界的種種遊戲規則。

　　令人擔憂的是，社會大眾如果不能真正理解新興媒體的功能與限制，不能有效培育自身在新傳播時代所需具備的素養，那麼新興科技所可能帶來的好處勢將消失殆盡，所可能肇生的傷害則與日俱增，此則不僅是傳播科技的遺憾而已，更是人類文明的重大損失。「假新聞時代下的媒體素養」這本書正是植基在此種憂思下的著作，希望為處身於新傳播時代的每個公民提供最關鍵的傳播素養。

　　根據許多研究顯示，即使是數位時代的今天，傳統媒體並未完全離我們而遠去，新興媒體亦未占據我們生活的全部。或者更精確地說，許多新興媒體逐漸成為傳統媒體，而我們一直處於新舊媒體並容的傳播時代，也因此，我們乃是標標準準的「資訊雜食動物」，試圖從各種媒體與平台吸取所需的生活資訊。

　　不僅如此，在新傳播科技的協助下，我們既是資訊的接收者，亦為資訊的生產者，不僅每天從各處採擷資訊，而且往往將採擷來的資訊予以再製，甚至主動將所見所聞、所思所想傳播出去，成為道道地地的生產性消費者（prosumer）或生產性使用者（produser）。因此，與傳統傳播生態系統大不相同的是，數位時代的公民在傳播生態中所扮演的角色愈來愈重，所擁有的影響力亦愈來愈大。

　　相對於過去的第四權──媒體，已經有不少人將網路上的積極公眾、公民記者、意見領袖等稱為第五權。此一新興的「第五權」既是行政、立法與司法三權的最終監督者，亦為媒體第四權的有力制衡者。在學者所稱的新時代「公眾自我傳播系統」中，公眾媒體素養的良窳已愈益成為民主品質的關鍵指標。畢竟權利與義務是相對的，公民一旦擁有更大

的傳播權利，其所承擔的責任亦勢必愈大。

假訊息的問題即是數位時代此種權利義務對等論的最佳註腳。許多民主國家都正面對假訊息所帶來的困擾，亦為如何解決此一課題困擾不已，經過多方討論與研究之後，幾乎各國都承認，公民若能培養成熟的數位素養，讓自身擁有抗拒假訊息的免疫力，乃是破解假訊息的根本之道。因此，世界各國莫不積極推動媒體素養教育，視媒體素養為當代最重要的公民素養之一。

每有一種新興傳播媒介出籠，我們都不免陷入一種「科技迷思」，以為所有的傳播規律都將改寫，以致往往迷失在新興傳播生態之中，不知如何自處。但徵諸傳播史的發展，其實媒體生態雖然推陳出新，基本的傳播理則並未完全改變。時至今日，我們仍然要了解媒體是如何運作的？新聞是如何產製的？媒體及新聞又受到那些因素的影響或操縱？

數位工具興起之後的今天，公眾不僅要知道如何近用媒體，更須要具備製作媒體、傳播訊息的能力，亦更須要擁有保護自己免於隱私暴露、霸凌攻擊與對抗仇恨言論的能力。這些正是身為公民的我們所需具備的基本媒體素養，亦為現代公民必須上的公民思辨課。曼弗瑞德・泰森（Manfred Theisen）與薇瑞娜・巴浩斯（Verena Ballhaus）兩位作者所撰寫的「假新聞時代下的媒體素養」，為這些基本能力提供了精彩可讀的素材。

對人類而言，科技可好可壞，我們既不必抱持過度的科技樂觀主義，以為傳播科技無所不能，卻亦不必陷入科技悲觀主義的愁雲，拒絕新興傳播科技的發展。日新月異的數位

傳播科技確實為人類創造無比便利的溝通工具，亦確實讓我們陷入垃圾與不實訊息的泥淖，關鍵仍在我們是否能透過成熟的素養，發揮新科技所帶來的正面潛能，抑制新科技可能產生的負面作用。

　　沒有資訊，我們固然沒法參與公共生活；但如果沒有優質與真實的資訊，我們也不可能擁有美好的公共生活。我們以前常說陽光、空氣與水是生命的三要素，如今，資訊已是現代人能否擁有美好生活的第四要素。要在數位時代真正成為傳播的主人，扮演好傳播主人的角色，就必須具備現代公民的媒體素養！

前言

媒體無所不在。無論我們所拿的是一本書、還是一支手機。媒體是用來幫助我們彼此溝通，幫助我們傳遞或獲取資訊。有些人以批評的態度去看待近年來媒體消費的增長，然而，媒體基本上其實既不是好的、也不是壞的，一切只取決於我們如何使用它們。就連智慧型手機，同樣也是既非好、也非壞；雖說，為了避免毀了自己的雙眼，人們實在不該時常盯著螢幕。

本書旨在啟發。啟發是朝向有自覺地使用媒體的第一步。無論是諸如Google或www.startpage.de＊之類的搜索引擎，抑或是Instagram、YouTube、Facebook和WhatsApp等社群媒體，本書都將引領你在數位媒體多樣性、契機和危險等方面，對它們有基本的認識。這本書將會幫助你妥善地理解和使用各種媒體。

在這當中，你會遇到像是「過濾氣泡」、「假新聞」或「偽草根運動」等用語。有些或許你已經知道，有些或許你是第一次聽到。它們都點出了與媒體有關的一些重要主題。

無論是將我們身處的這個時代稱為「媒體時代」、「資訊時代」、抑或是「數據時代」，可以確定的是：我們花在媒體上的時間，可說是前所未有地多；特別是智慧型手機這種工具。如今幾乎人人都有手機，而且經常使用。它們成了我們隨身必備的良伴，知道我們所走過的每一條路，我們去看什麼醫生，知道我們想要知道什麼，知道我們飛去哪裡度假，知道我們如何看待他人，知道我們喜歡什麼人，知道我們在哪裡工作或上學。

為我們提供各種與網路有關的服務（像是搜尋引擎、社

群網路、即時通訊及導航系統等等）的公司，可說是目前世界上最富有的一些公司；因為它們坐擁許多與我們有關的數據資料。憑藉這些數據資料，它們可以操控我們。

近年來，歐洲的政治人物一直在嘗試說服媒體集團採取更多的個資保護措施，反擊在網路上傳播的仇恨言論與假新聞。特別是在德語國家，出現了可以更靈敏地處理使用者數據的新型搜尋引擎。

然而，媒體世界並不終止於你和你的周遭，它也會對世界政壇造成影響。因此，本書也將討論假新聞這個主題，探討一下，我們能夠如何對付假新聞，國家與政府又該如何打擊假新聞。在這當中，我們也會放眼歐洲以外的地方，因為所有研究假新聞的人都不會錯過美國總統唐納・川普（Donald Trump）。此外，我們也要了解一下俄羅斯與其他國家對於網路所發揮的影響。

在媒體時代裡，所有的一切都交互影響，因為如今每個人都相互關聯；這可以是一種詛咒，卻也可以是一個契機。在這本書裡，你肯定會遇到一個或多個你或許已經問過自己的問題。在這裡，你可以找到一些可能的答案、大量的背景資訊，以及許多如何面對媒體的實用提示。此外，如果你正在尋求對於你個人的建議，例如有網路霸凌或網路成癮之類的問題，或者，如果你想獲得更多關於假新聞與另類事實的資訊、想要尋找友善用戶的網路服務、想要積極地對抗仇恨言論、想要經營有創意的社群網路，你也可以在附錄中找到大量的連結與諮詢窗口。

＊編注：Startpage（舊稱Ixquick），於1998年推出的搜尋引擎，以保護的使用者的隱私聞名。

1

舊媒體與新媒體
Alte und
Neue Medien

到底什麼是媒體？

你要在課堂上做一次報告。於是，你在思考該如何才能最好地把內容給呈現出來。你當然可以全都只用口頭講述，但如果你能使用像是一些圖畫、照片或影片來表現你的主題，那肯定會更加生動。為此，你需要不同的媒體。

媒體（medium）是用來傳遞資訊。可以是用紙，以書籍或報紙的形式，但也可以用其他的方式，像是平板電腦、智慧型手機、電腦、電視或課堂上的黑板。

「medium」一詞有「中間」的意思。媒體也就是內容的中介者。在大多數的情況下，人們都會以複數形式稱呼媒體，而且多半都是指稱所謂的**大眾媒體**。舉例來說，一位部落客（Blogger）會寫些東西發表，你則可以透過智慧型手機在網路上閱讀他所寫的文章。或者，你的朋友正在度假，而他則透過WhatsApp向你發送了一張度假的照片。

新媒體與舊媒體的不同之處在於：一方面，新媒體是相對比較新的，換言之，自20世紀的80與90年代起才愈來愈普遍；另一方面，它們允許使用者透過網路來使用。舊媒體包括了平面媒體或印刷媒體（如報紙、雜誌、海報和書籍），以及廣播、電影和電視。新媒體則稱為數位媒體，包括了像是電腦、筆電、平板電腦和智慧型手機等等。這些媒體的新穎之處還在於，你還可以透過像是YouTube、WhatsApp、Instagram等線上服務，以互動的方式來使用媒體。因此，你不再只是一個被動的消費者（觀眾、聽眾或讀者），你還可以主動地發表自己的意見，藉助數位媒體與其他的人交流及串連。

媒體一詞往往也等同於新聞界或是在報紙及廣播電視公司工作的記者。

大眾媒體所指的是，以許多的人，也就是以大眾為對象的媒體，例如報紙、廣播、電視和網路。

部落客會利用一個網頁、YouTube或某個入口網站（像是Facebook、Instagram、Snapchat等等）來撰寫文章和上傳圖片或影片。他們的作品多半都是本於自我視角。

哪種媒體最常被使用？

「別看那麼久，否則你的眼睛會壞掉！」「別那麼常看電視！把手機放下！」父母經常會這麼訓誡孩子。然而，時至今日，我們使用媒體卻是愈來愈頻繁，因此，謹慎使用也愈來愈重要。

平均而言，年齡介於14到29歲之間的年輕人，每天大約會花上9小時的時間使用媒體（根據2018年的統計）。年齡介於12到19歲之間的青少年，幾乎人人都擁有一支智慧型手機，將近三分之二的人擁有一台個人電腦或筆記型電腦；此外，大約每兩人就有一人擁有一台電視機。當青少年被問到，他們最愛透過網路用些什麼，幾乎所有的人都一致回答：YouTube；其次則是WhatsApp和Instagram。

根據最新的研究，青少年每天花在閱讀書籍的時間平均只有22分鐘。有超過一半的女孩表示自己喜歡讀書；至於男孩，則只有四分之一。而青少年花在閱讀書籍的時間還多於全體民眾（平均為19分鐘）；儘管成年人經常抱怨青少年閱讀得太少。

如今青少年幾乎完全不再閱讀紙本的報紙和雜誌。不過，他們倒是喜歡瀏覽某些報章雜誌的網路版（例如《明鏡》〔Spiegel〕週刊的線上版），或是使用某些報章雜誌的App（例如《圖片報》〔Bild〕的App）。德國公共廣播聯盟（ARD）、德國電視二台（ZDF）以及全國性的日報，在青少年的心目中都享有極高的信譽。

在使用數位媒體的素養上，青少年給自己打了「好」甚至於是「很好」的分數。不過，許多青少年卻也表示，自己有過因網路媒體而造成困擾的經驗。有將近13%的青少年遭受過網路霸凌（cyberbullying），超過50%的青少年則曾在網路上看過仇恨言論（hate speech）。

大多數的青少年都會透過《明鏡》線上版，還有電視新聞《每日新聞》(Tagesschau) 的網頁（www.tagesschau.de），去獲取關於社會政策的消息。

媒體是做什麼的？

無論是報紙、雜誌抑或是電視、廣播，都遵循著一種模式。就連新媒體，同樣也是放眼於民眾始終相同的關注興趣。

想要向社會大眾提供資訊的媒體，總是聚焦於一些同樣的主題。政治、經濟、文化、地方和體育，可說是5大重點部門（主題範疇）。除此之外，還有一些偏向娛樂性的主題，像是汽車測試、美容祕訣或烹飪食譜等等。在報紙上，人們甚至會以各個主題範疇做為排版的標題。至於在電視上，你必須比較仔細去觀察才能分辨。但你也可以把各個節目歸類給某個主題範疇。

這點同樣也適用於網路。然而，在網路上，情況往往並沒有那麼地黑白分明、井然有序；舉例來說，通常只會聊些遊戲的「實況主」（Let's Player），偶爾也會評論時政。不過，一般來說，大致還是會分門別類，美容部落客主要是講美容祕訣，新聞部落客如勒佛洛伊德（LeFloid），主要則是談論政治。

然而，網路上的內容與舊媒體的新聞之間卻存在著一項差異。報紙發行商與廣播電視公司多半會致力於區分著眼於事實的客觀報導與個人的主觀意見。至於在網路上，評論和報導經常是相互混淆，因為部落客往往會把自己的觀點融入事實陳述之中。因此，讀者與觀眾搞不清楚什麼是基於事實，什麼只是出於部落客或Twitter政客的假設與意見。這在報紙、廣播與電視中比較清晰可辨。

實況主是YouTube上的網紅，即所謂的You-Tuber，他們主要是在示範與評論電玩；諸如格隆克（Gronkh）與帕魯頓（Paluten），都是德國知名的實況主。

消息和意見如何被人包裝？

無論是新媒體、還是舊媒體，資訊都必須經過包裝，換言之，被以某種形式呈現，以便閱聽人能夠理解與分類。為此，記者會使用不同的文本形式。有哪些呢？

快訊是新聞文本最短的形式。它們只是扼要地表明，何時何地發生了什麼事情。有時快訊只有一個句子。

新聞則是簡單、扼要、本於事實地報告一件剛發生的事。內容得要回答7個問題：何人？何事？什麼時候？在哪裡？如何發生？為何發生？資訊來自何處？報紙上的新聞大多都只占一個欄位。

在一篇**報導**中，記者會盡可能中立地（客觀地）描述一個事件。一篇報導會比一則新聞來得長，往往會占多個欄位。報導會提供相關的背景資訊和細節，也會將整起事件做個整理、編排。為了撰寫報導，記者多半得前往事件現場，在那裡採訪目擊者。

記者的意見會在**評論**中找到它們的安身之所。在這當中，他們可能會寫些像是對於政府的某些政策的看法。現場直播的評論員基本上根本沒有時間去權衡所有的陳述或說法，他們往往都是反射性地對於所評論的題目做出回應，因此個人的觀點也會反映在他們的評論中。

在一個**實地報導**中，記者會講述他親身去經歷過某些事情。在這當中，他們會尋求由相關資訊與他們自己獲得的印象所得出的某種混合。

在一個**訪問**中，記者則會詢問某個採訪的對象。被採訪的對象可能是一位對於某項主題有著特殊看法的專業人士，也有可能是一位想要透過訪問宣揚自己理念的政治人物。

記者的工作在於傳播資訊和意見。他們多半都是任職於像報紙、廣播或電視之類的大眾媒體，有些記者也會以部落客的身分活躍於網路上。

新聞工作的核心：什麼是新聞？

一條新聞會提供人們關於公眾感興趣且對於公眾而言，具有重要性的事件的簡要資訊。它們該是訊息性的，同時也該易於為人所理解。因此新聞會聚焦於不可或缺的內容上。

在紙本或網路版的報紙上的新聞，通常都會按照一個特定的模式來建構：**標題**（head）旨在吸引讀者的注意力，接著則是內含最新且最重要的事實的新聞本文，它們得要客觀且簡潔。有時，在解釋事件的背景前，會有以粗體或斜體打印的**導語**（lead）。

在內容上，新聞的結構則是像這樣：最重要的首先陳述，接著陳述次要重點，依此類推。這麼做是為了方便讀者盡快掌握基本資訊。此外，這種結構對於記者來說還具有實際的好處；萬一在編排報紙版面時突然遇到另一條更重要、需要更多篇幅的新聞，記者會比較容易去刪減新聞。

一則新聞在紙本報紙（或網路版）上如何處理、能占多少篇幅，這一切都會在編輯會議裡決定。人們會在編輯會議中確定所謂的**版面編排**（layout）。被認為特別重要的事情會擺到最前面，並且較為詳細地呈現；相對而言比較沒那麼重要的事情，則會擺在其他的地方，獲得的篇幅也比較少。因為報紙上的空間有限，正如新聞節目所能利用的時間也同樣有限。

這意謂著，記者與編輯每天都得做出一種選擇：什麼具有報導價值、什麼則否？這也就是所謂事件的「新聞價值」。

哪些新聞具有價值？

19世紀末《紐約太陽報》（*New York Sun*）的編輯約翰‧鮑嘉（John B. Bogart）曾對「新聞價值」下了這樣的註解：「如果一隻狗咬了一個男人，那不算什麼新聞，因為這種事情經常發生。然而，如果一個男人咬了一隻狗，那就是一個新聞。」因此新聞的最高原則就是：不單只是要有什麼事情發生，事件本身還要新奇到引發我們的興趣。然而，什麼會引發我們的興趣呢？

首先，會直接影響到我們的事情，會讓我們感興趣。如果牛奶的價格上漲許多倍，我們就得考慮往後是否該少喝拿鐵瑪奇朵。所以記者經常會報導與讀者有切身關係的事情。新聞的即時性同樣也很重要。今天沒有人會去關心兩年前所發生的事情，除非它們真是驚天動地的大事。

另一個關鍵因素則是事件的鄰近性。比起發生在廷布克圖（Timbuktu）＊的事情，如果事情是發生在你家隔壁，你肯定會更感興趣。

有時新聞的價值也取決於事件發生在什麼人身上。如果早上有個阿貓阿狗因為踩到肥皂跌了一跤，他恐怕很難上得了新聞。然而，如果同樣的事情是發生在某位明星身上，那肯定值得做成一條新聞。最後一個因素則是約翰‧鮑嘉的「人咬狗公式」（見前述）所描述的驚人效應。相較於狗咬人，人咬狗就是比較驚人。

＊編注：西非馬利共和國的一個城市。

誰走在
報紙森林中？

報紙在今日的媒體中可算是「恐龍」一族。在廣播、電視和網路出現前，它們曾是最重要的資訊來源，至今仍在媒體領域裡扮演著重要角色。只不過，為求生存，報紙發行商需要新的思維。

報紙大多每天出刊，因此稱為「日報」。另一方面，雜誌則多半是每週或經過更長的時間間隔才出刊。諸如德國的《明鏡》或奧地利的《輪廓》（*Profil*）週刊，都是知名的雜誌。日報又被區分成「訂閱報紙」與「馬路報紙」（或所謂的小報）。

訂閱報紙可以送到讀者的住家。在這方面，德國具有代表性的全國性報紙有《南德意志報》（*Süddeutsche Zeitung*，簡稱SZ）和《法蘭克福匯報》（*Frankfurter Allgemeine Zeitung*，簡稱FAZ）等。在瑞士有《新蘇黎世報》（*Neue Zürcher Zeitung*，簡稱NZZ），在奧地利則有《標準報》（*Der Standard*）。

有些日報把重點擺在地方新聞的報導。它們被視為**區域訂閱報紙**，多半都冠有地名，例如《科隆評論報》（*Kölnische Rundschau*）或《曼海姆晨報》（*Mannheimer Morgen*）。在這些報紙上你會讀到，像是什麼人剛成為某個地方組織的主席、某場狂歡節遊行會路過哪些地點等等。

區域性的訂閱報紙是只在例如萊茵或上巴伐利亞的某個地區發行的報紙。

小報容易出現假新聞

「訂閱報紙」與「馬路報紙」之間具有很大的差異。諸如《圖片報》或《快報》（*Express*）之類的小報，多半是在售貨亭或書報攤上販售，也就是在馬路旁；這個用語源自法文的「boulevard」，意為林蔭大道。你在很遠的地方就能從小報醒目的圖片和文字及聳動的標題認出它們。小報往往涉及到性、犯罪和醜聞，且習於去誇大與極端化事件。這很容易

讓新聞變成假新聞。

小報廣受社會大眾的關注。比起其他報紙，更常為人所閱讀，因此它們對於社會觀念具有強大的影響力。《圖片報》的發行量為225萬，《南德意志報》＊每天卻只印刷353,000份。

所有的紙本報紙如今都面臨著一個同樣的問題，那就是：它們的發行量愈來愈少，因為讀者更喜歡在網路上免費獲得資訊。

因此，除了紙本以外，各種報章雜誌如今幾乎也都推出了網路版。《明鏡》網路版（Spiegel Online，簡稱SPON）可算是德語區最重要的線上雜誌之一。《明鏡》網路版早在1994年時就以獨立編輯的方式上線。這也使得《明鏡》網路版成為全球第一本網路新聞雜誌。如同其他的線上報紙，《明鏡》網路版也提供內含評論的影片，利用紙本所無法提供的一些功能。

對於讀者而言，資訊的方便檢索、快速即時且大多免費，這些都是線上的報紙和雜誌所能享有的好處。然而，報章雜誌的出版商面臨到這樣的問題：他們該如何透過免費提供資訊來賺錢，藉以支付記者薪水甚或創造收益？和公共媒體相比，這些民營的出版商並未收取任何費用，僅憑著網路廣告的收益，實在不容易維持營運。因此，近來有許多報紙都試圖讓讀者為線上的文章付費，像是《明鏡＋》。只不過，至今為止，還是未能取得顯著的成果。

訂閱《明鏡＋》可以獲得完整的《明鏡》週刊網路版。

＊ 編注：創立於1945年的《南德意志報》為全國性報紙，報社總部位於慕尼黑。

消息的販售者：
什麼是新聞通訊社？

報紙出版商、電視台和廣播電台相當重要。然而，若是沒有新聞通訊社，它們或許早就不存在了。新聞通訊社可謂是媒體界的松鼠，因為會為媒體公司收集和整理新聞。

為使報紙、廣播電台和電視台能夠正常運作，新聞通訊社得去探聽消息；換言之，得派工作人員去現場採訪。然而，這並非每家公司都能負擔得起。

於是就有了通訊社的存在。它們會同時為多家報紙、電台與電視台提供能夠報導發生於世界各地的事件的文本、圖像、錄音和影片。它們會僱用工作迅速且擅於以明白易懂的方式傳遞資訊的記者。

你經常會在一篇新聞的起始或文末見到像是DPA、AFP或SID之類的縮寫。這樣你就知道記者在撰寫這篇新聞時使用了那家通訊社的資訊。

在德國，德國新聞社（Deutsche Presse Agentur，簡稱DPA）算是最知名的新聞通訊社。全球另有許多其他的新聞通訊社，像是法國的法國新聞社（L'Agence France-Presse，簡稱AFP）、美國的聯合通訊社（Associated Press，簡稱AP）、奧地利的奧地利新聞社（Austria Press Agency，簡稱APA）與瑞士的瑞士通訊社（Schweizerische Depeschenagentur AG，簡稱SDA）。某些通訊社，像是天主教新聞社（Katholische Nachrichten-Agentur，簡稱KNA）或體育新聞通訊社（Sport-Informations-Dienst，簡稱SID），顧名思義，則是各有其專業定位。

對於報紙、電台與電視台而言，所有這些新聞的販售者都有一大好處，那就是：比起派出自己的記者去採訪、編輯每個事件，使用新聞通訊社整理好的新聞要物美價廉得多。由於通訊社會向許多不同的客戶提供它們的新聞，因此也擔負了很大的責任。它們會影響到全球各地如何報導哪些事件。

無論願意與否，在德國，每個家庭每月都得支付17.5歐元的廣播電視費。這筆錢是用來支持公共廣播電視公司的營運，像是德國公共廣播聯盟、德國電視二台、德國廣播電台（Deutschlandradio）。

奧地利與瑞士的情況類似於德國，奧地利有奧地利廣播集團（ORF），瑞士則有瑞士廣播電視集團（SRG SSR）。除了公共的廣播電視公司，另有民營的廣播電視公司，像是ProSieben、SAT.1、n-tv或RTL等等。它們的營運所依靠的是廣告的收益。人們稱此為**雙支柱模式**。

　　有別於民營的廣播電視公司仰賴營利，公共的廣播電視公司則必須為社會大眾提供某些社會服務，因為它們是從每位公民那裡獲得營運資金。這些廣播與電視應該讓社會大眾免費收聽或收視，也應提供含有資訊、教育、諮詢及娛樂等方面的內容的各種節目。基本的概念就是，公共廣播電視公司的記者是受社會的委託製作節目。

　　為了確保各個社會族群的利益能夠反映在製播的節目中，廣電公司的委員會、理事會以及各種電視委員會與廣播委員會，都會監督所播放的內容與廣播電視費的流向。這些委員會的代表則是分別來自政治界、財經界、宗教界和婦女團體。

　　有些人會對必須支付廣播電視費感到困擾。此外，由於公共的廣播電視公司「與政府關係親近」，所以有時也會被批評是「政府的傳聲筒」。不過它們認為自己是獨立自主的，只對新聞倫理及整個社會負責。

電視與廣播：為何我們要付費？

德國公共廣播聯盟包含9家廣電公司，諸如巴伐利亞廣電公司（Bayerische Rundfunk, 簡稱BR）、北德廣電公司（Norddeutsche Rundfunk, 簡稱NDR）和西德廣電公司（Westdeutscher Rundfunk, 簡稱WDR）都是這個聯盟的成員。它們不僅經營電視台，還經營廣播電台。德國公共廣播聯盟的正式名稱為「德意志聯邦共和國公法廣播電視公司合作組織」。

德國、奧地利與瑞士的**雙支柱模式**代表著，除了公共的廣播電視公司，還有民營的廣播電視公司。

社群媒體方面有些什麼？

社群媒體是網路上的一些平台，像是Instagram、維基百科或WhatsApp等。透過社群媒體，你可以在智慧型手機、個人電腦或Playstation上和他人聊天、玩遊戲、發文。

以下是各種社群媒體（social media）及其差異的概述。它們有一個共同點，那就是：將使用者相互連結起來。

維基百科（Wikipedia）是一部線上百科全書。人人都能參與這個集體合作計畫。人們可以編輯現有的條目或編寫新的條目。

Facebook是經典的社群網路（social network）。在這個社群媒體上，你可以開一個網頁介紹你的社團或你喜歡的政黨，你也可以發表文章、圖片、照片、影片或是提供相關聯結。

YouTube如同vimeo都是一種內容社群。人人都可上傳影片與他人分享。

諸如線上查詢工具「維基百科」這樣的**集體合作計畫**，目的在於，讓所有的人共同攜手（集體地）去做一件事。

＊編按：2018年12月起，Tumblr禁止發布成人內容。

Tumblr是一個部落客的平台。人們可以在上頭發表文章、照片或影片。這個平台的問題是，就連含有18禁、暴力或色情的內容也都能上傳到那裡＊。

Twitter和Instagram皆為微型的部落格。使用者可以用短文、照片和影片來表現自我。粉絲可以關注某人並與某人聯繫。

WhatsApp、Threema、Snapchat、Signal、Skype與Telegram所提供的是即時通訊服務。藉助它們，你可以迅速發送文章、照片和影片，有時甚至還能與其他使用者通話或視訊聊天。

大型多人線上角色扮演遊戲（massively multiplayer on-line role-playing game，簡稱MMORPG）則能讓你透過網路在遊戲中與其他玩家相互聯繫。

YouTube始於2005年。起初，這個影片平台使得諸如「MTV」之類的電視台難以生存。時至今日，這個Google的子公司，則成了電玩、搞笑與帥哥美女等方面的網紅，以及任何覺得自己有話要說的人表現的平台。

為何YouTube如此受歡迎？

在過去，電影和電視是躍升為明星的跳板。時至今日，除了YouTube以外，Instagram也是主要的跳板之一。在YouTube上，人人都能開設自己的頻道，在啟動的攝影機前試試運氣。如果一個人受到許多使用者的歡迎，他很快就會出名。這就是YouTube的魅力；當然，大量的音樂與各式各樣的影片也是。

　　電玩類的YouTube網紅常會使用像是Dner或Zombey之類的假名。他們日以繼夜地打著諸如《要塞英雄》（*Fortnite*）、《當個創世神》（*Minecraft*）或《決勝時刻》（*Call of Duty*）之類的遊戲，還會評論並拍攝自己所玩的遊戲，然後將這些影片放到YouTube上。人們稱此為**實況**（Let's Play）。粉絲們會藉助這些實況對於遊戲而有深入的了解，有些人則只是看個熱鬧，或是想藉此幫助入睡。在YouTube的所有影片中，這類多半以男性為主的電玩影片占了將近15%。

　　至於美妝和商品方面的影片，情況則有所不同。網紅絕大多數都有個女性的名字，像是Dagi bee或Bibi。她們會向粉絲展示，哪些時尚潮流是最新的、哪些口紅會特別令人想去親吻。

　　我們無法準確量化YouTube對於大眾文化究竟有多重要。不過，很顯然，網紅的確具有一定的社會影響力，他們在YouTube或Instagram上被稱為**影響者**（influencer）絕非浪得虛名。舉例來說，奧地利與瑞士的男孩如今愈來愈常使用德國的一些流行語，這與他們經常觀看德國的電玩實況有關。

廣告策略師會利用網紅的名氣向特定的目標族群推銷商品。也因此，網紅有時會收到免費的產品，置入他們的文章或影片中做行銷。

Instagram── 網紅都在 做些什麼？

Instagram的成功始於2010年。短短8年的時間，這個微博服務就已突破了全球10億用戶的門檻。在許多人眼裡，IG是除了YouTube以外另一個透過經營部落格來賺錢的重要管道。

Instagram近年來已成為一個極具影響力的**行銷**（marketing）平台。在這裡，各種公司企業都可透過網紅來招攬它們的生意。在這當中，人們巧妙地利用了粉絲對於網紅的情感連結。舉例來說，當你喜歡的某位IG網紅表示，自己覺得某個品牌的牛仔褲很棒，這背後所代表的其實是廠商希望你也能掏錢買它們的牛仔褲。他們為此付錢給網紅。這當然也使得網紅的「工作」產生吸引力。可是，人們是如何成為網紅的呢？

不少網紅其實先前就已經具有一定的知名度，像是知名的足球員或音樂家。他們會透過IG讓粉絲知道自己的近況。他們多半與某些廠商有代言合約，因此很少把各式各樣的商品帶到攝影機前。

然而，有些網紅卻是先透過在Instagram或YouTube上表演才成名。一個人如果想要和他們一樣透過社群媒體平台攫獲廣大的觀眾，他就必須向他的訂閱者提供某些內容。想要成為網紅的人，最好規律地在下午2點到5點之間發帖，因為就統計上來說，這段時間使用者最有可能去點閱。此外，他們也可以去追蹤最受歡迎的網紅，藉以在他們的關注者名單上名列前茅。最重要的是，他們得用主題標籤（hashtag）來發文，還得找個酷炫的拍照景點。只不過，人們卻也不該抱持錯誤的期待。事實上，到頭來，只有極為少數的**微博客**真的能夠賺到錢。

行銷所要處理的問題是：我該如何才能最好地銷售待售商品？我該如何才能讓顧客相信產品？

近來還有另一項Instagram服務，也就是：IGTV。人們可以上傳高畫質的影片，適於智慧型手機一般使用。

微博（microblogging）就是微型的部落格。使用者會以自己或特定主題為題發表短片、照片或文章。

你摔斷了腿，無法去上學。你收到了一則附加照片的訊息，是同學傳給你的。他拍下黑板的畫面，發送給你家庭作業及課程資訊。

社群媒體真的社會嗎？

人們可以如此正面地使用社群媒體。因為，理論上，每個人都能透過網路與每個人聯繫，在數位的世界裡，我們的社會互動幾乎是無限的。然而，情況並非總是如此。

　　這一切始於2004年起Facebook的流行。突然間，許多人都因社群媒體而去使用網路。如今人們則多半透過手機使用社群媒體。將英文的「social media」直譯為「社會媒體」很容易造成誤解。因為我們會把「社會」理解成某種具有道德意義的良好相處。然而，「social media」所指涉的其實只是我們彼此相互連結。Facebook上的「朋友」不一定是那種禍福與共的朋友，只要點擊一下，人與人就能變成好友。此外，像Facebook這樣的公司也不是社會公益組織，而是追求利潤的企業。

當商品無須付費，那麼你本身就是商品。

　　如果你遇到了某種像Facebook之類宣稱本身是免費的服務，你就該問問自己：它到底如何獲利？也許是靠廣告？也許是轉賣你的個資？或者是兩者兼有。一般說來，如果你無須為某種服務的商品付費，那麼你本身就是那個商品。你的個資會在數位世界中被拿去賺錢。這與道德意義上的「社會」完全無關。

2 假新聞。巨大的不確定性
Fake News.
Die große Verunsicherung

什麼是假新聞？

你常會聽到有人說：小心，你不能隨便相信你在手機或報紙上所看到的一切！很多事情都不是正確的，有些甚至是故意撒謊，是捏造的！就連照片，你也不能夠以為「眼見為憑」、「有圖有真相」！

透過數位媒體與社群平台，造謠者可以迅速且廣泛地散布他們的謠言。在過去，他們恐怕得要印刷數百萬份的傳單，時至今日，他們卻只需點擊一下滑鼠。

自2016年起，「假新聞」（fake news）一詞出現得愈來愈頻繁。這個用語與當時的美國總統選戰有關。當時，美國共和黨的總統候選人唐納‧川普聲稱，諸如《華盛頓郵報》（Washington Post）、《紐約時報》（New York Times）等報紙及諸如CNN等新聞頻道正在傳播「假新聞」。它們並未以公平的態度對待他。所有的這些媒體都與他的對手，美國民主黨的總統候選人希拉蕊‧柯林頓（Hillary Clinton）合謀。就連美國首都華盛頓特區與紐約華爾街的一些有力人士也都與媒體聯手，試圖阻止他當選。川普聲稱，有別於媒體，唯有他會說真話；而且他是透過Twitter來做這件事。

後來，許多報紙與電視台都表示，川普本人才是在散布謊言。它們甚至還計算了他每天製造出的假新聞。「假新聞」一詞遂成了一個家喻戶曉的詞彙。

英文的「fake」一詞有「偽造」、「造假」之意。造假永遠不會是個偶然，它的背後總是隱藏著騙人的意圖。那可能是張挑撥離間的照片、是個刻意的錯誤陳述、是個不正確的數字或是動過手腳的統計數據。

造假是刻意的，這是理解假新聞很重要的一點。這個用語的第二部分「news」，意即「新聞」。因此，假新聞就是造

假的或不實的新聞。我們也可以說那是謊言。

在德國，有一個用法十分類似的用語叫做：「Lügen-presse」（〔Lying press〕謊言媒體）。官方的電視台或廣播電台以及全國性的日報和雜誌，經常會被人以這樣的用語辱罵。

但這所針對的正是那些認真對待真相的媒體機構。對於記者而言，「謊言媒體」一詞是種挑釁。他們認為自己所代表的是「真相媒體」。這對我們這些社會大眾來說也是一個問題。因為，如果這樣的指控確實有部分是對的，那麼我們還能相信誰呢？畢竟，媒體是我們的新聞介紹者。它們應該秉持批判性的態度用放大鏡來審視政治人物的工作，並且客觀地，也就是中立且實事求是地，為我們提供一切與社會有關的主題的資訊。因此，我們必須確保媒體所告訴我們的內容是真實的。

「**謊言媒體**」是2014年的年度不當之詞。

為何會有那麼多的假新聞呢？

過去，人們經常會在度假途中寄張風景明信片給親朋好友。如今，我們則是透過智慧型手機發送旅行的消息。一張明信片需要花好幾天的時間才能寄到，WhatsApp的訊息卻能立即送達！這對我們來說是個極大的變化。

1846年，用於大量印刷的輪轉印刷機問世。這意謂著，相較於從前，人們可以在更短的時間內印刷出更多的報紙；每小時可多達20,000份。當時報童穿梭於倫敦、紐約和柏林的街頭，高喊著號外、號外。每個人都想販售他的新聞。在所有這樣的競爭中，事實早被人擱在一旁，這點其實不難理解。

自從1980年代晚期起，已有許多人有網際網路可用，資訊的傳播再次擴大。這也給予了假新聞滋長的溫床，特別是在網路擁有了廣大的使用群眾後。在這當中，Facebook、Twitter與Instagram等社群媒體平台，扮演了十分重要的角色。

在這些人人皆作家、人人皆記者的媒體裡，每個人隨時隨地都能寫些自己想寫的。再也沒有什麼能夠阻止我們與他人聯繫，並且表達我們的想法。由於人們總會想讓更多的人看到自己所寫的東西，在傳來傳去下，難免會有人去更動原本的內容，在這樣的過程中，事實就可能遭到竄改或扭曲。另一方面，由於網路上的使用者很少是媒體專業人員，他們往往會對自己在網路上接收到的資訊信以為真，甚至於在未經查證的情況下，就將錯誤的資訊轉傳出去。藉由這樣的方式，假新聞便會被無限地散播。

不斷重複假新聞會導致我們再也無法輕易將它們從腦海裡抹去。它們彷彿就烙印在我們的大腦裡。這究竟是怎麼一回事呢？

假新聞如何烙印到你的記憶裡？

1950年代，心理學家唐納・奧爾丁・赫布（Donald Olding Hebb, 1904-1985）曾針對人們究竟是如何學習、如何記住資訊進行過研究。為此，他研究了大腦的運作方式。他發現，一再同時接受特定刺激的神經元，彼此會互相融合。舉例來說，如果一個人想學英文詞彙，針對「chair」這個單字一再重複想像椅子的畫面，不同的腦細胞就會因此而被激活。在我們的腦袋裡，chair一詞幾乎與椅子的意象融合在一起。未來一旦我們聽到或讀到chair這個單字，腦海就會立即浮現出一把椅子。

假新聞運作的方式也是類似這樣。舉例來說，如果我們在各種媒體中一再地聽到來自阿拉伯國家的人得為恐怖攻擊負責，那麼「阿拉伯人」和「恐怖分子」這兩個詞彙很容易就會自然而然相互連結起來。換言之，阿拉伯人在我們的心目中會自動變成恐怖分子。如果反覆的報導與社群媒體裡的評論一再強化這樣的連結，那麼「阿拉伯恐怖分子」這種印象就會得到鞏固。

如果此類連結背後受到了假新聞的支持（例如外國人被指控犯下他們根本沒有犯下的盜竊或性侵等罪行），將很有可能造成毀滅性的結果。

我該如何
揭破假新聞？

「鯨魚可以飛快地倒游」、「貓王還活著」。這些都是顯而易見的假新聞。但是，你怎麼知道哪些假新聞被你信以為真呢？不妨根據以下的問題來做判斷：

資訊出自何處？可信的記者會指明自己的消息來源。如果一則新聞缺乏消息來源，你從一開始就該對它抱持懷疑的態度。如果指明了消息來源，那麼請你檢驗一下，是否能夠聯繫得上消息來源；換言之，是否有相關的地址、網頁或電子信箱。接著你可以確認消息的真實性。相對地，若你得到的只是些模糊的提示，例如據稱是由某位不知名的人士所轉述，那麼你就不該過於相信那個故事。

作者是誰？作者是否附上自己的姓名和聯絡方式，例如在版權說明裡？或者，作者躲在某個化名背後，亦即取了假名？一個人如果不讓別人知道自己是誰，那麼你就不應該相信他。你也可以探查一下發布訊息的網站，看看負責那個網站的是什麼人？在版權說明裡應該也能找到相關的線索。此外，你不妨再進一步了解，平常這個網站上還發表了什麼樣的內容？倘若涉及的內容都只是些無憑無據的八卦，那麼你就無須認真看待那個網站。

何人、何事、何時、何地、如何、為何？與事件有關的關鍵問題是否已經獲得釐清？如果沒有，那麼作者顯然並不關心他所陳述的事件背景，或者根本就是故意要混淆視聽。

還有其他人也同樣報導了這件事嗎？察看一下同一件事是否也在其他的媒體或網站上獲得報導。如果消息確實是有料的，那麼理應不會只有一個人撰寫。媒體（報紙、新聞通訊社、電台等等）肯定都會對重要的事件有所報導。

如何報導？作者行文是否傾向於誇張、聳動？在文章

過濾氣泡、假新聞與說謊媒體——我們如何避免被操弄？

中是否頻頻出現諸如「駭人聽聞」、「令人髮指」、「令人憤慨」或「令人難以置信」之類強化情緒的詞彙？倘若如此，那麼作者可能只想嘩眾取寵，並不重視自己的陳述的真實性。

作者的報導有多客觀？一般說來，記者都會試著盡可能中立地傳達訊息。換言之，他們會避免表達個人的意見，或者當他們陳述自己的意見時，會將其標記為評論。

圖片素材出自何處？許多假新聞的造假手法其實很簡單：只要將一張圖片放入某個錯誤的脈絡中，就能輕鬆地製造出一個醜聞。藉助 Google 圖片搜尋，人們可以很簡單地找出圖片的原始出處與原始背景脈絡，進而輕鬆地揭破這類造假手法（參見 P.93）。

如果照片本身看起來怪怪的，例如雲的形狀重複、陰影顯得不自然、圖像邊緣處有切割的痕跡等等，這代表著圖像可能遭到刻意加工。在這種情況下，同樣也建議你，不妨針對圖片進行逆向搜尋。

如果想要針對某個 YouTube 影片搜尋更多相關資訊，人們還能藉助國際特赦組織（Amnesty International）的「YouTube 檢查器」（YouTube-Checker）；參見附錄。

專業人士有何看法？如今在網路上有許多人專門在揭露假新聞。不妨善用他們的專業知識！在附錄中你會找到一些相關的連結（參見 P.121-123）。

在福島核災發生後，Twitter 上出現了一張畸形雛菊的照片。這張照片旨在凸顯輻射外洩所招致的後果，但卻是個假新聞。因為那樣的異常其實是出於自然的原因。

什麼叫做「另類事實」？

假新聞與惡意的虛假陳述毒害了政治的氛圍。它們製造了不信任與不確定性。然而，若是涉及到自己的形象，美國總統川普倒是並不羞於「創造」合適的事實。

那是一個歷史性的大日子，2017年1月20日這一天，唐納‧川普在華盛頓正式就職成為美國總統。數十萬人前往現場參加就職典禮，數百萬人則在螢幕前收看轉播。因為這位新總統想要顛覆一切。在他之前的政治人物、經濟學家與記者所構成的領導階層，所謂的「權勢集團」，遭到了他的嚴厲批評。

就職典禮結束過了一天之後，白宮新聞發言人肖恩‧史派瑟（Sean Spicer）宣稱，從未有過如此多的群眾（150萬人）出席一位總統的就職典禮。問題是，每個電視機前的觀眾都看得出來，在前一任總統巴拉克‧歐巴馬（Barack Obama）的就職典禮上，親自前往現場參與的群眾明顯多了許多。當記者以這項事實質疑史派瑟時，史派瑟居然威脅要對他們提告。

早在競選期間，川普就已把媒體稱為「假新聞的製造者」，只不過記者當時倒還沒被出重手伺候。在西方民主國家裡，媒體普遍享有崇高的地位。對於廣大的民眾來說，他們不僅扮演了盤根錯節的政治脈絡的解讀者，同時也扮演了政治的監督者。因此，至今為止，政治人物都一致同意新聞媒體必須受到保護。然而，就在川普就職為美國總統的那天起，這樣的形勢卻已成過往。如今記者遭到政府官員公開威脅。

這還不夠。一天之後，2017年1月22日，川普的顧問凱莉安妮‧康威（Kellyanne Conway）居然在鏡頭前宣稱，她的同事所提到的數字是「另類事實」（alternative facts）。「事實」

其實並無「另類」可言，事實之所以是事實，無非就是因為它們是不模稜兩可的，而且是可驗證的。像另類事實這樣的概念根本就是自相矛盾。對此，德國的《時代週報》(Die Zeit)寫道，川普的人馬「毫無羞恥地撒謊」，當「校園惡霸」川普藉由諸如「另類事實」之類的事情真正激怒新聞媒體的「事實書呆子」時，他的支持者們都感到相當開心。

然而，這對民主制度裡的公民代表了什麼呢？這會讓社會大眾變得不知所措，因為有人一方面指控記者傳播假新聞，另一方面又同時提出「另類事實」混淆視聽。

新媒體支持了這種發展，因為像川普這樣的政客，不再需要依賴新聞媒體來與群眾溝通。透過Twitter，他們可以更快且更直接地進行這件事，而且也不必面對記者咄咄逼人的提問。

如果稍微比較一下美國總統川普與前任總統歐巴馬的就職典禮空拍照，我們不難看出，川普的就職典禮（左）的參與人數明顯少於歐巴馬的就職典禮。

感覺的真實——
什麼叫做「後事實」?

事實是可以驗證的。它們是普遍為人所接受的實際情況。

在學校裡,我們會學著在事實的基礎上互相討論。然而,在假新聞的時代裡,某些政客不再根據事實論述,他們只想挑釁對手。什麼是真、什麼是假,他們根本不在乎。

如今記者和專家學者經常會說,我們活在一個「後事實的時代」裡。「後事實」(post-factual)一詞,是由拉丁文的post(「後」的意思),加上factual(「事實的」、「真實的」的意思)組合而成。「後事實」所指的是,一個論述不必再根據事實的時代,在這個時代裡,論述是用來煽惑聽眾或觀眾的情緒,論述原則上應該惹得「其他人」(像是敵對陣營或具有其他種族背景的人)暴跳如雷或心煩意亂。

抱持「後事實」思維的政客無法理性地討論。如果你憑藉事實與他們交鋒,他們根本不會理你,他們會否認事實,甚至指責你是個騙子。

2017年4月,科學家在華盛頓特區發起了「為科學遊行」(March for Science),藉以抗議後事實的論調。

沒人想要成為人們眼中的環保罪人。比較大型的企業總希望自己能在環保上保持純潔無瑕的形象。然而，對於某些公司來說，這可不是一件容易的事。於是，它們花了很多錢在所謂的「漂綠」上。

公司、企業的假新聞——「漂綠」是如何運作的？

你可能聽說過，有人想要洗淨自己的罪行。也就是說，他做了一件壞事，但他想用另一個行為來抵消自己的罪過，想要消除先前的罪行；就像從前羅馬的總督龐堤烏斯·彼拉多（Pontius Pilatus）那樣，在他判處拿撒勒的耶穌十字架刑後，他曾良心不安地洗洗自己的雙手。漂綠（greenwash）無非就是如此，只不過，它們是針對環保方面的罪過。

舉例來說，著名的石油公司「BP」，就曾做過這種漂綠的事情。BP的舊稱是「British Petroleum」，即英國石油公司。然而，石油工業被認為是對環境不友善的。畢竟，石油、煤炭和天然氣是從地球中開採，屬於不可再生的化石燃料，而且更被指控為釋放二氧化碳造成氣候變遷的元凶。它們被視為是對立於諸如風力與太陽能等友善環境的可再生能源。

於是，為了改善集團的形象，BP的行銷部門想到了一個點子：從今以後，BP兩個字母應該變成是代表「beyond petroleum」，也就是「超越石油」。不僅如此，這個集團還改變了自己的商標，如今它看起來更有空氣感。一切都應該顯得更清新、更友善、更環保。然而，對於這家石油公司是否真的更友善環境，論者還是打上了一個大大的問號。他們認為這整件事都是假的。

來自外部的假新聞──
誰在發揮影響？

這個國家保障言論自由。這意謂著，我們同樣必須忍受他人的意見。不過，如果其他國家的政府刻意要在我們的國家操弄輿論，情況就會變得困難。

如今，在德國有290萬土耳其裔的人口，還有超過450萬的居民說俄語。這些人對於原籍國的政治感興趣是合理的。他們主要是透過外國的電視頻道與入口網站來獲取相關資訊。部分的移民也因此活在土耳其或俄羅斯的「媒體氣泡」裡。

俄羅斯與土耳其的總統也很清楚這一點。佛拉迪米爾·普丁（Vladimir Putin）和雷傑甫·塔伊甫·艾爾多安（Recep Tayyip Erdoğan）會一再地挑動「民族情感」，他們希望旅居德國的俄羅斯人或土耳其人能為自己身為俄羅斯人或土耳其人感到自豪。在這樣的情況下，他們把這些族群與德國人區別開來。就這點來說，他們不僅扭曲了事實，也對德國政府挑釁。

在我們這個國家裡，俄羅斯的**宣傳**會透過「今日俄羅斯」（Russia Today）這個頻道傳播；該頻道自2014年起開始在德國放送。這個頻道的所有者是俄羅斯國營企業「今日俄羅斯」國際通訊社（Rossiya Segodnya），它的節目深受俄羅斯政府的想法所左右。另有兩個俄羅斯政府的傳聲筒，同樣也是出自「今日俄羅斯」，它們就是「衛星社」（Sputnik）的新聞入口網站與App（兩者皆有德文版）。當衛星社的入口網站於2014年上線時，德國公共廣播聯盟的通訊記者馬庫斯·桑巴勒（Markus Sambale）曾形容這是一場名符其實的「資訊戰」。

宣傳（propaganda）一詞源於拉丁文的「propagare」，意思就是「繼續傳開」或「傳播」。宣傳有點像「廣告」，只不過，宣傳所關乎的是政治。

「internet troll」與神怪故事裡的奇幻生物完全無關，它所指的其實是某些人。這些人一天到晚透過電腦、手機或平板散布假新聞或挑撥他人。他們之中有些人是為了金錢、有些人則是出於信念。

酸民在酸民工廠裡做些什麼？

在2003年時，「酸民」（troll；troll原有「巨怪」之意）一詞才首度為人所使用，當時所指的是俄羅斯酸民（Russian trolls）。不過，一直要等到2014年時，在**烏克蘭衝突**爆發後，這個用語才更為流行於公眾之間。酸民企圖透過在社群媒體或網路新聞媒體上發表評論來影響人們的想法。他們從不使用自己的真名，而是去創建一個假帳號。

知名酸民綠狄米拉·沙夫舒克（Ljudmilla Sawtschuk）就是這方面的翹楚。她曾在2015年年初為設在俄國聖彼德堡的所謂「網路研究局」擔任寫手。她的工作就是在聊天室與部落格中讚揚俄國總統普丁及其政策。沙夫舒克後來表示，酸民在一棟高樓裡（所謂的「酸民工廠」）一天分兩班上工，在自己輪班的12小時內，他們往往都是不眠不休地持續工作。

土耳其也有類似的情況。據說，在全盛時期裡，艾爾多安政府曾經養了將近6,000名的酸民，他們的任務則是在國內外帶風向。後來**維基解密**（WikiLeaks）才揭露了這支酸民「軍隊」的祕密。過去很長一段時間以來，土耳其政府總認為，光是控制報紙、廣播與電視應該就已足夠。直到2013年，由於民眾的示威抗議，在伊斯坦堡的塔克西姆廣場（Taksim Square）爆發了騷亂，政府才開始改變政策。從那時起，土耳其政府就試圖透過網路左右人民。

烏克蘭衝突：自2014年2月起，烏克蘭東部的烏克蘭士兵就一直在與受到俄國支持、希望脫離烏克蘭的反叛分子作戰。

維基解密是網路上的一個揭密平台。在這個平台上，許多平常人們難以見到的資訊都被一一揭露。

為何你該小心軟體機器人？

假新聞的作者並非總是一個「人」。在網路上分享種種內容的，也並非總是真實的「人」。在那背後，經常會有所謂的「bots」。它們是些彷彿有血有肉的軟體程式。

「bot」一詞是「robot」這個單詞的簡寫，意思就是機器人。bot指的是特殊的電腦程式，也就是所謂的**軟體機器人**。軟體機器人甚至可能隱身於像是Facebook、Twitter之類的社群網路的**假帳號**（fake account）背後；人們則稱此為「社交機器人」（social bot）。這些機器人的帳號有時會附有個人的照片與虛構的自傳。它們會關注你，給你按讚，舉止就跟真人使用者沒什麼兩樣。軟體機器人通常會在下達特定代碼時啟動。它們往往甚至會在社群網路中相互關注；或有意、或無意。

不過，為何軟體機器人會是個問題呢？因為它們的數量很多。人們可以用很少的錢購買大批為自己所用的軟體機器人，接著就能迅速地將自己的意見或假新聞傳播出去。

負責處理政治或社會議題的軟體機器人被稱為「意見機器人」。它們會讓我們誤以為有很多人都持某種看法。意見機器人往往可以針對一個人（例如某位政治人物）掀起百萬倍的攻訐。或者，只要下達一個政治人物的名字，就會散布某些**主題標籤**；例如#nahlesforkanzlerin（納勒斯＊當總理）、#merkelmussweg（梅克爾該下台）或#merkelforkanzlerin（梅克爾當總理）等等。

因此，軟體機器人的使用者在爭奪你我的關注。一般使用者實在不容易判斷背後到底是不是軟體機器人。也因此，在2017年的德國大選前，主要政黨都一致同意在**選戰**中放棄使用軟體機器人。

假帳號就是虛假的使用者帳號。

#符號被稱為**主題標籤**。所指的是可以讓人輕鬆搜尋個別主題的提示詞。

＊編注：安德里亞·納勒斯（Andrea Maria Nahles），德國社民黨（SPD）首位女性黨魁，於2019年6月歐洲議會大選及地方選舉失利後，辭去黨魁職務。

你在上網時，應該常會遇到某些網站會要求你輸入一些字母或數字，或是要求你選擇具有某些內容的圖像部分；唯有藉助這些所謂的**驗證碼**（CAPTCHA），網站的營運者才能確保你不是機器人，而是真人。從這樣的情況，你不難看出，軟體機器人的問題普遍來說究竟有多嚴重。

軟體機器人甚至會與人交朋友。所以你可能很快就擁有成千上萬個「朋友」，但卻沒有半個有體溫。這種情況總會發生在政治人物身上。據估計，在政治人物的**關注者**（follower）中，約有三分之一是軟體機器人。

媒體專家擔心，軟體機器人未來恐怕會愈來愈強烈影響公職人員的選戰。

所謂的**驗證碼**是用來辨識真人使用者和軟體機器人的程式。

關注者就是在網路上關注你、經常觀看你的發文的使用者。

你該如何辨識社交機器人？

辨識軟體機器人不是一件容易的事，但你至少可以嘗試看看。不妨檢查一下以下的幾件事。如果發文者的情況符合其中的一項或多項，那麼他很有可能就是軟體機器人。

檢查名稱：那是一個幻想的名字嗎？或者，這位使用者根本就沒有報上任何名字？

檢查文本上的錯誤：作者的德文不好嗎？文本中是否含有許多明顯的語法錯誤？作者使用的詞彙是否很少？

檢查行為：作者是否非常頻繁地推文──每天推文超過50則？他是否白天和晚上都在網路上？他是否只回答簡單的問題？他回文的速度是否超快？

檢查內容：作者是否總是聚焦於相同的主題？

對抗社交機器人上所面臨的一個問題是，Facebook或Twitter等平台的營運者並不是很有興趣去打擊它們。畢竟，每個活躍的新帳號都會讓他們的企業更值錢。

草根行銷──
如何由上而下
製造輿論？

請你想像一下：有成千上萬名學生為了支持一種在14年級結束後舉行的高中畢業考，發文、按讚、分享。他們的箴言是：「讓我們花更多的時間學習！我們日後還有很長的時間足以工作！」這會發生什麼事呢？

AstroTurf是一個美國的人造草皮品牌。因此，人為的、由上而下操控的草根運動就被稱為astro-turfing。人們也可稱其為「偽草根運動」。

其他學生看到這些發文或許會感到驚訝，因為他們至今為止完全沒聽說過什麼在14年級結束後的高中畢業考。如果在網路上做個意見調查，許多高中生可能會自發地贊成在14年級結束後的高中畢業考。最晚到了這個時候，所有的學生和家長都會去談論這件事，就連政治人物、教師、導演和記者也都會加入討論的行列。

這種由下而上（亦即始於社會基層）且並非是由政治人物或社會團體所發起的運動，被稱為**草根運動**（grassroots campaining）。

然而，如今卻也有虛假的草根運動。在這當中，操作者會給人一種印象，彷彿有極多的人在為某個議題發聲。然而，事實上，這樣的一場運動卻是由某個集團或公司在主導。人們將這種操作方式稱作**草根行銷**（astroturfing）。它們扭曲了事實，因此也被歸於假新聞的範疇。

為此，人們往往會僱用所謂的「網軍」，亦即利用多個假帳號刻意在網路上散播某種意見的使用者。此外，網軍也會利用軟體機器人來幫他們分享、按讚與發文。某些網軍還會操作維基百科的條目，而且會藉助電子郵件、讀者投書與影片去轟炸報紙、電台和電視台。付錢給網軍的企業、社會團體與政治人物，就以這樣的方式來掀起討論並操弄其他的使用者。

3

假新聞一直存在

Fake News
gibt es schon ewig

謊言如何
流傳千年？

假新聞是時下眾人議論的焦點。可是這種現象真的很新穎嗎？不，假新聞其實一直存在。我們今日所知第一個刻意製造出來的假新聞則是源自古埃及。

這件事情是發生在西元前1274年左右。當時法老拉美西斯二世（Ramesses II）剛從與西臺人（Hittites）在卡迭石（Kadesh）附近的戰役中返回。這座城市位於今日的敘利亞的西部邊境。拉美西斯二世聲稱自己重創了西臺人，摧毀了對方成千上萬的戰車。然而，這完全不是真的；事實上，是拉美西斯二世遭到了敵人的迎頭痛擊。

可是，由於沒人敢質疑神聖的法老所說的話，而且當時也沒有戰地記者這樣的人，所以石匠就把他們法老的「偉大勝利」刻在石頭上。謊言成了真理。於是乎，強大的拉美西斯二世將他的敵人逼入奧龍特斯河（Orontes River）。從那時起，每個埃及人都認為，拉美西斯二世是位非常聰明的統帥。直到今日，人們仍然可以在底比斯（Thebes）讚嘆這個史上最早的假新聞；而且許多遊客肯定都還會對這位法老的「豐功偉業」留下深刻的印象。

如我們所知，拉美西斯二世並非唯一一位將歷史改寫成對自己有利的統治者。即使是在今日，獨裁者（autocrat）也會試圖封住批評者和記者的嘴。他們擔心，若不如此，他們的假新聞和操弄手法恐怕很快就會被揭穿。相反地，在民主的國家裡，執政者則會支持新聞自由與言論自由。如果他們不這麼做，那就談不上什麼民主。

幾乎沒有哪位國家元首的掌權時間像法老拉美西斯二世那麼久。從西元前1279年到西元前1213年，他一共統治了埃及66年。

「autokratie」是古希臘文，意為獨裁。獨裁者或專制統治集團恣意地、不受控制地決定一個國家及其人民的命運。

過濾氣泡、假新聞與說謊媒體——我們如何避免被操弄？

俗話說：「謊言不長壽！」這意謂著，說謊者很快就會被揭穿，因為他們往往都會犯錯。然而，情況並非總是如此。史上最大的騙局其實就存活了很久。

　　當時是西元317年。那時，統治羅馬的是君士坦丁大帝（Constantine the Great）。由於教宗聖思維一世（Sanctus Silvester PP. I）治癒了他的痲瘋病並為他施洗，為了感念恩德，於是君士坦丁大帝便將羅馬這座城市留給了教宗。不僅如此，他還把羅馬帝國的西半部和整個世界都給了天主教會；也就是說，贈與所有的一切直到時間的盡頭（usque in finem saeculi）。彷彿這麼做還不夠似的，後來君士坦丁大帝索性把帝國的首都從羅馬遷到拜占庭（Byzantium）；如今該城改名為伊斯坦堡（在今日的土耳其）。於是教宗從這時起得以獨自且不受阻礙地統治羅馬——這簡直如童話般神奇！

　　事實上，這整件事的確只是個童話故事，因為所涉及到的贈與其實是偽造的。贈與的文件在500年後才被人編寫出來。儘管如此，人們卻還是繼續相信這場騙局600年之久。

　　直到西元1440年，義大利的人文學者羅倫佐·瓦拉（Lorenzo Valla）才仔細研究了這份文件。他發現在這份文件中，拜占庭這座城市被稱為君士坦丁堡。事實上，西元317年時，這個城市還稱作拜占庭！這一點顯然就露了餡。雖然文件偽造者犯了一個愚蠢的錯誤，但等到人們發現這個破綻卻也為時已晚。天主教會早已造成了許多既成事實。經過了一千多年之後，還會有誰想從教宗那裡奪走他在羅馬的寶座？我們從中學到了什麼呢？在我們相信某項主張前，我們總該再一次看個仔細！

義大利人文學者羅倫佐·瓦拉（1407-1457）檢驗了贈與文件的真實性，揭穿了世界史上最大的一場騙局。

假新聞與迫害及歧視有什麼關係？

假新聞和謊言經常是用來對付異己，而且會一路操作到再也沒人同情受害者。在這當中，遭殃的往往是那些不同膚色、宗教或出身的人。

1307年，人們在巴黎展開了一場對於「基督和所羅門聖殿的貧苦騎士團」（Pauperes commilitones Christi Templique Solomonici），俗稱「聖殿騎士團」（Ordre du Temple），的大規模搜捕行動。在十字軍東征期間，這些騎士從法國前往耶路撒冷與穆斯林作戰；如今我們或許會稱他們為特種部隊。雖然他們自稱「貧苦」，但事實卻恰恰相反；他們不僅擁有許多土地，控制著銀行，據說還囤積了一批巨大的寶藏。正是這份財富使得他們最終淪為囚徒。

因為當時的法國國王腓力四世（Philippe IV, 1268-1314）破產了，而且他還對聖殿騎士負債。為了奪取聖殿騎士的財產，他讓人散播關於他們的謠言。這些謠言誣指他們是同性戀者且不信上帝；這在當時可是嚴重的罪行。腓力四世就這樣煽惑人們去反對聖殿騎士。聖殿騎士受到迫害與折磨，直到他們被迫承認自己遭指控的罪行。最終，這個騎士團在1312年被解散。腓力四世在製造假新聞與顛倒是非上取得了「卓越」的成效。

只可惜，在解決財務困境上，這整個陰謀卻並未給他帶來任何好處。因為聖殿騎士團的財產（除了可能也是屬於虛構的「寶藏」以外）被教宗轉移給了聖約翰騎士團（Johanniter Order）。聖約翰騎士團存續至今，只不過，如今它則是變身成為諸如聖約翰救濟機構（Johanniter-Unfall-Hilfe e.V.）之類的慈善組織。

《錫安長老會紀要》是一份虛構的文件，它導致數百萬人喪生。在德國，這份虛構的文件造成了特別嚴重的後果，因為納粹黨人把它當作迫害猶太人的理由。

謊言是如何點燃人們仇恨猶太人的心態？

《錫安長老會紀要》（*The Protocols of the Elders of Zion*）在1903年時首次以俄文出版。這當中記載了猶太人集體密謀如何統治世界。雖然這所有的內容都不是真的，但卻激起了很大的漣漪。一開始是在俄羅斯，後來則傳到了整個歐洲，人們都對猶太人的陰謀感到驚恐。

在這份文件問世將近20年後，《泰晤士報》（*The Times*）才正式宣告這份文件的虛假。然而，此時許多人卻都已深信這份文件的真實性。在德國，納粹黨人則以深具毀滅性的方式利用了這份文件。在1938年11月9日至10日的所謂「水晶之夜」（Reichskristallnacht），整個反猶太人的操作到達了高潮。人們穿梭在慕尼黑與柏林的街頭焚燒猶太教堂（synagogue），並謀殺數百名猶太人。

直到今日，當人們在阿拉伯國家要煽惑群眾反對以色列與猶太人時，這份虛構的文件仍會在這些國家產生不小的影響。

猶太教堂是猶太人共同祈禱的場所，正如基督徒的教堂與穆斯林的清真寺。

德文版的《錫安長老會紀要》最早出版於1920年，並且更名為《錫安長老的祕密》（*Die Geheimnisse der Weisen von Zion*）。

藝術在哪裡終止，假新聞又在哪裡開始？

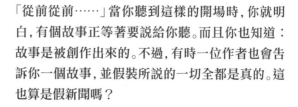

「從前從前……」當你聽到這樣的開場時，你就明白，有個故事正等著要說給你聽。而且你也知道：故事是被創作出來的。不過，有時一位作者也會告訴你一個故事，並假裝所說的一切全都是真的。這也算是假新聞嗎？

撰寫虛構真人真事的作家所在多有。其中最有名的，莫過於英國作家丹尼爾·笛福（Daniel Defoe）。他活在距今約350年前的倫敦。《魯賓遜漂流記》（Robinson Crusoe）的故事讓他聞名世界。那是關於一個人被困荒島的故事。事實上，當時的確有人經歷過類似的遭遇。笛福稱這本書為「紀實」，儘管故事大部分都是他所杜撰出來的。這算是虛假的嗎？至少笛福是在刻意誤導讀者。

1722年，笛福又寫了另一本名為《大疫年日記》（A Journal of the Plague Year）的書。該書冗長的副標為：**由某位一直待在倫敦的市民所撰寫。過去從未發表過。**事實上，瘟疫是在1664至1665年肆虐於倫敦，笛福在書中所陳述的人名和遭遇則是他自己所臆想出來的，而且他還試圖利用「過去從未發表過」這樣的標題來混淆視聽。有將近兩百年之久，人們一直誤以為他所謂的目擊者報導是真實的。

時至今日，你很少會在書本上見到這種宛如市場叫賣式的措詞，不過，這在常會說「勁爆」、「驚爆」的網路或報紙上其實還是屢見不鮮。在專業術語中，這叫聳動化。真實或虛構的事件都能以聳動的手法來表現。這時作者往往不太在乎真實性，他們只對挑起讀者的情緒感興趣。

小報經常會用「勁爆」、「驚爆」之類的詞彙來吸引閱聽大眾的注意。

在攝影術發明之前，一般說來，人們可以相信自己的眼睛。時至今日，我們所看到的經常都是造假的照片，也就是經過加工或修改的圖片。我們也會因此掉入陷阱，因為我們很容易以為所看到的一切都是真的。

從什麼時候開始有圖也沒真相了呢？

1917年，俄羅斯幾乎沒有人擁有相機，更別說攝影機了。當時在聖彼德堡，佛拉迪米爾·伊里奇·列寧（Vladimir Ilyich Lenin）意圖要推翻俄國的沙皇，於是他號召革命。列寧是一群想要奪取俄國統治權的社會主義者其中之一。社會主義者相信能夠創造一個更公平的社會。1917年11月8日，「曙光號巡洋艦」（Aurora）開進涅瓦河（Neva River），接著向臨時政府所在地的冬宮開砲，做為向這座沙皇宮殿「衝鋒」的信號。隨後人們便對臨時政府進行了一場不太引人注目的逮捕行動，因為根本沒有人認真抵抗。後來，整件事就被吹捧成「偉大的社會主義十月革命」。這在俄國的歷史上是十分重要的一天。遺憾的是，居然沒有留下任何所謂革命的照片。

這讓列寧很不滿意。他想向人民展示社會主義者如何英勇地戰鬥。於是，在革命過了3年後，人們就在一齣規模浩大的戲劇中重演了衝入宮殿的場景；只不過加入了更多的射擊和動作。上萬名的表演者與6萬名觀眾被送到冬宮，人們就這麼製作了一個巨大的假象。

莫斯科當局成功地在蘇聯——這個由列寧所催生的國家——維持了輝煌的十月革命的形象長達70年之久。就連西歐與美國的許多人也都相信它。

蘇聯（1922-1991）是個一黨專政的國家，其中包含了俄羅斯。

戰爭和假新聞有什麼關係？

戰爭的第一聲槍響之前，往往都會有個被蓄意散播到世上的假新聞走在前頭。因為發動攻擊的一方總得為戰爭找個理由；必要時，更得創造一個理由。有時這得演一場真的戲。就如同1939年那樣。

事情是這樣的：1939年8月31日，一隊偽裝成波蘭人的納粹武裝人員襲擊了靠近波蘭邊境、屬於德國的「格萊維茨電台」（Sender Gleiwitz），他們隨後透過**國民收音機**（Volksempfänger）向德國民眾放送這樣的消息：「注意、注意！這裡是格萊維茨。電台已落入波蘭人手裡。自由的時刻已然到來。波蘭萬歲！」

　　這時絕大部分的德國人都誤以為波蘭士兵入侵了那個電台，但實際上，他們其實是隸屬於希特勒的「親衛隊」（Schutzstaffel，簡稱SS）的德國人。這就像是一場戲──但卻帶來可怕的後果。此時，希特勒有了一個攻擊波蘭的理由。畢竟，他可以宣稱是德國先遭到襲擊才還手。於是，就在隔天，也就是1939年9月1日，他立即宣布：「波蘭人昨夜首次派出正規士兵在我們的領土上開槍。從5點45分起我們予以反擊。而且，從現在起，我們將以炸彈還炸彈。」

　　　　　　　　　　　　這就是第二次世界大戰的序幕。

國民收音機是阿道夫．希特勒奪取政權後不久在德國大量生產的一種無線電收音機。納粹黨人藉助這些機器來為自己進行宣傳。

廣告專業從業人員擅於利用心理學的方法。為了要讓人接受某些商品或訊息，他們會嘗試挑動我們的感受。若能巧妙地做到這一點，甚至可以用這種方式去「販售」一場戰爭。

廣告公司如何讓一場戰爭受到歡迎？

1990年，伊拉克的軍隊入侵鄰國科威特。為了敦促當時由總統喬治·布希（George Bush）主政的美國政府伸出援手，科威特政府制定了一項令人難以置信的計畫：他們讓年僅16歲的科威特少女娜依拉赫·薩芭赫（Nayirah as-Sabah）在美國國會公開作證。這名少女指出，伊拉克士兵殘忍地將早產兒從醫院的保溫箱裡抓出來，因而害死了他們。美國人看到且聽到這名聲淚俱下的少女所做的陳述，恨不得立即對科威特伸出援手。於是，美國的第一次波斯灣戰爭就此展開。

科威特是一個主要仰賴石油生產的國家，該國的大分地區都是沙漠。

然而，那名少女的證詞根本就是捏造的。娜依拉赫根本沒去過她所說的那家醫院。為了使她的陳述聽起來具有說服力，某家廣告公司幫那名少女精心準備了這場演出。

到了2003年，第二次波灣戰爭戰爭接著展開。目的則是要推翻伊拉克的統治者薩達姆·海珊（Saddam Hussein）。這時候，美國總統不再是喬治·布希，而是他的兒子小布希（George W. Bush）。他的政府向公眾展示了伊拉克的祕密化學武器實驗室的假照片。他們讓世人相信，為了防止伊拉克襲擊美國，發動戰爭是必要的。但事實上，這其實是攸關美國的經濟利益。

什麼能夠保護我們免受這種謊言的操弄呢？我們主要能夠依靠的，無非就是那些能夠挖出內幕且獨立於政客或金主的記者。

記者如何被人利用？

戰地記者是不在戰地的人們在戰場上的眼睛與耳朵。然而，政府總會想出一些新招，藉以利用記者來為自己的政治目的服務，或是影響關於戰爭的報導。

美國在越南打了11年的仗（1964-1975）。當時美國政府賦予記者很大的新聞自由。其結果就是：美國民眾看到戰爭殘酷的照片，最終掀起了反戰浪潮。有了前車之鑒，到了2003年，第二次波斯灣戰爭中，美國政府改變了對待記者的方式，並且讓他們成為**嵌入式記者**（embedded journalists）——被指派到某個軍事單位的隨行記者。他們只能看到與拍攝軍官想要給他們看的東西。

因此，在當時的伊拉克戰爭中，人們在電視上主要見到的都是所謂「精靈炸彈」（smart bomb）的影像，這些炸彈能夠準確地摧毀軍事目標。一切看起來都很乾淨，就像在打電動玩具一樣。然而，事實上，精靈炸彈很少被動用，所引爆的炸彈多半都是些「傻瓜炸彈」，造成許多平民百姓死亡。

時至今日，網路帶給了許多意圖按照他們的意思去影響公眾的政治人物難題。舉例來說，他們很難阻止，譬如某位住在敘利亞的網友去拍攝非精靈炸彈所造成的損傷，並將影片發布到YouTube上。儘管如此，我們還是應該謹慎對待這些消息來源，因為它們通常只是反映了個人的觀點。此外，就連記者也沒那麼容易檢驗影像的真實性，有時那些影像其實也是假的。據說，各國政府有時甚至會付錢給偽造者製作假影片。

4

民粹主義者、
政治人物與媒體

Populisten, Politiker
und die Presse

誰是右派、誰是左派？

PROSIT！

在假新聞的脈絡下，人們經常會說：「右派人士」，尤其是德國另類選擇黨，特別會製造假新聞。可是，到底什麼叫做「右派」呢？為何其他的黨派會被歸類為「左派」或「中間派」？

在議會中，從主席的視角來看，坐在右邊的人在政治上就是屬於右派，坐在左邊的人則是屬於左派。不過，這還是沒有說明左派與右派在政治主張上的差異。若要了解這一點，我們就得回顧一下議會的歷史。

這一切始於1814、1815年法國皇帝兼陸軍元帥拿破崙·波拿巴（Napoléon Bonaparte）垮台之後。當時在法國，議員在眾議院（la Chambre des députés）開會。貴族的代表們獲得了主席右邊的榮譽席位。

時至今日，英國、瑞典、荷蘭與丹麥等國都還有國王和王后。

由於貴族希望保留盡可能多的權力，因此很難說服他們走向革新。他們想要維護既得的利益，態度保守。畢竟，在過去的幾個世紀裡，貴族積累了許多的土地、財產與特權。那時整個歐洲都還存在著貴族。他們頂著像是男爵、侯爵、公爵、伯爵、國王、皇帝或沙皇之類的頭銜。隨著第二次世界大戰的爆發與結束，貴族最終也失去了他們的政治權力。不過，迄今為止，堅持維護舊的規則與情況的政治人物，還是一直被稱為保守派或右派。

什麼人坐在德國聯邦議院的哪裡？

今日德國的政黨往往會稱自己為中間派政黨，像是「德國基督教民主聯盟」（Deutschlands Christlich-Demokratische Union，簡稱CDU；以下稱「基民盟」）與「德國社會民主黨」（Sozialdemokratische Partei Deutschlands，簡稱SPD；以下稱「德國社民黨」）；相對而言，基民盟比德國社民黨更偏向於右派或保守

　過濾氣泡、假新聞與說謊媒體——我們如何避免被操弄？

派。如今在**德國聯邦議院**（Deutscher Bundestag）裡位置最右的則是「德國另類選擇」（Alternative für Deutsch-land，簡稱AfD）。不過，時至今日，右派政黨已與貴族無關。右派政黨雖然趨於保守，但他們所側重的是每位公民的自由，只不過，不像左派政黨那麼側重政治平等與社會平等。在德國聯邦議院裡，坐在最左邊的則是「左翼黨」（Die Linke）。至於「自由民主黨」（Freie Demokratische Partei，簡稱FDP）與「90聯盟／綠黨」（Bündnis 90/Die Grünen），則比較難在這個體系中做分類。前者同樣也致力於個人的自由，但不一定保守。後者則是一個特別重視環境保護的政黨。

設在柏林的**德國聯邦議院**是德意志聯邦共和國的國會，與德國聯邦參議院共同做為德國最高立法機關。

　　在假新聞方面，特別是屬於右派的「德國另類選擇」的黨員及其支持者，在過去這段時間裡經常譴責新聞界是「謊言媒體」。相反地，其他黨派則是經常指責「德國另類選擇」的支持者，說他們扭曲事實並以假新聞煽惑民眾。

第19屆德國聯邦議院的席位分配（2017年10月）
第19屆德國聯邦議院於10月24日舉行的組建會議的暫時席位分配圖

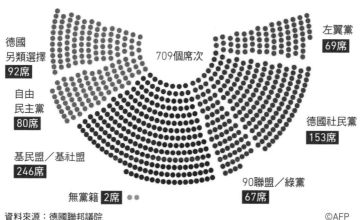

左翼黨
69席

709個席次

德國
另類選擇
92席

自由
民主黨
80席

德國社民黨
153席

基民盟／基社盟
246席

90聯盟／綠黨
67席

無黨籍 **2席**

資料來源：德國聯邦議院

©AFP

民粹主義者與謊言媒體——誰在罵誰？

某些政治人物指責記者，說他們是「謊言媒體」。記者們則反過來罵這些政治人物，說他們是厚顏無恥地散播假新聞的「民粹主義者」。這些唇槍舌劍的背後究竟隱藏了些什麼？

政治人物指責記者是「謊言媒體」其實已有兩百多年的歷史。在納粹黨人掌權期間（1933-1945），這種說法也曾非常流行。當時他們聲稱，在「謊言媒體」的背後隱藏了猶太人的陰謀，而猶太人則是透過媒體來操弄社會大眾。在第二次世界大戰結束後，這個詞彙也幾乎為人所遺忘。

直到2014年，伴隨著「愛國歐洲人反對西方伊斯蘭化」（Patriotische Europäer gegen die Islamisierung des Abendlandes，簡稱PEGIDA）的示威運動，這個詞彙才重新在德勒斯登（Dresden）流行起來。示威者將公共廣播電視機構與許多日報等獨立新聞媒體稱為「謊言媒體」。他們責難說，這些媒體只報導總理安格拉・梅克爾（Angela Merkel）和政府所喜歡的內容。

如今那些指責「謊言媒體」的政治人物與民眾往往會抱怨，他們的論點在新聞媒體中沒有獲得充分的尊重，自己完全被邊緣化。「愛國歐洲人反對西方伊斯蘭化」的示威者與「德國另類選擇」的黨員也經常強調這一點。他們視自己為受害者，認為自己是未被聽見的人民心聲。

到底什麼人是民粹主義者？

民粹主義（populism）一詞源自拉丁文的「populus」，意即「人民」。民粹主義者多半會將複雜的議題給簡化。他們並不關心真實，只想說些民眾愛聽的話，在複雜的問題上為民眾提供盡可能簡單的解答。民粹主義者特別喜歡去

過濾氣泡、假新聞與說謊媒體——我們如何避免被操弄？

強化民眾對於某些事情既有的恐懼，他們同時還會為這種恐懼找個罪魁禍首。「那些高高在上的人」往往是罪魁禍首的人選之一。

在民粹主義者眼中，也就是那些「在系統中」攀上權力頂峰的人。民粹主義者往往會把自己描述成接地氣、誠實、值得信賴。他們總是會說，自己永遠不會像「那些人」一樣。「那樣的人」十分傲慢，再也不能代表人民的意志。

近年來，被稱為民粹主義者的，主要都是在政治光譜上偏向右翼的政治人物；從前人們也會以民粹主義來指責左派的政治人物。在國際政壇上，諸如美國總統川普、法國極右派政黨「國民聯盟」（Rassemblement national，簡稱RN）的黨主席瑪琳・勒朋（Marine Le Pen）和土耳其總統艾爾多安，都被認為是民粹主義者。

一旦民粹主義者取得了權力，他們就不再去罵「那些高高在上的人」，因為他們自己就是其中之一。這時他們會視自己為人民的代表。舉例來說，在2017年的選戰中，瑪琳・勒朋就曾以「以人民之名」（Au nom du Peuple）做為競選口號。「德國另類選擇」的政治人物也喜歡聲稱，他們了解並且代表人民的想法。土耳其總統艾爾多安也是箇中翹楚，他總是喜歡把「他的人民」掛在嘴邊。

雖然民粹主義者號稱親近人民，但身為記者的人卻是希望親近真相。他們想要挖掘、拼湊事實，把事實揭露給民眾——縱使所呈現出的真相或許並不是人人所樂見。

民粹主義者與記者有著不同的目的，所以他們之間經常存在著爭執。一方指責另一方在製造假新聞。

為何Twitter 如此受民粹主義者 歡迎？

Twitter這種微博服務讓帳號所有者能在一則所謂的「推文」中，傳播一篇最多280個字符的文本（text）。可是，這對民粹主義者有什麼吸引力呢？

民粹主義者喜歡強化對立，不讓人們有妥協的餘地。這種手法稱為極化。

民粹主義政治人物喜歡直接訴諸群眾。藉由這樣的方式，他們可以在不被記者質問下，將自己的意見和想法傳遞給民眾。透過Twitter特別容易這麼操作。另一方面，他們也常指責記者散布假新聞，藉此撼動民眾對於新聞媒體的信任。於是Twitter愈來愈被人們視作更為可靠的消息來源。

德國民粹主義者，像是「德國另類選擇」所屬的國會議員碧翠斯‧馮‧施托希（Beatrix von Storch），還會利用Twitter來極化社會。舉例來說，2017年8月，針對敘利亞人的家庭團聚的討論，施托希就曾以#敘利亞人#家庭團聚#德國另類選擇#相信你德國等標題推文表示：「唱我們的國歌。用我們的顏色自我裝飾。並且摧毀所有的這一切。」她指責敘利亞難民無理地入侵了德國的傳統，甚至於稀釋或玷污了德國的傳統。

某些讀者可能會贊同施托希的看法。相反地，另一些讀者則或許會對這種一竿子打翻一船人的做法感到不滿。而這正是民粹主義者所要的：社會分歧。

對抗這類極右派的煽動，最好的方法就是用事實去反駁斷言，而非隨之起舞。

如果你跟一個民粹主義者談到氣候變遷,他會非常高興。因為討論氣候變遷是由於自然因素或人為因素所造成,將會為他提供贏得選民支持所需的一切。

為何民粹主義者否認氣候變遷?

氣候專家認為人類必須為當前的全球暖化負起主要責任。他們指出,其中一個原因就是人為排放大量的二氧化碳。為了避免氣候變遷的情況進一步惡化,未來人們必須設法降低二氧化碳的排放。然而,這麼做不僅必須付出高昂的代價,我們的生活也得做出相應改變。當有些人聲稱氣候變遷其實是一種自然現象,可想見這會讓人鬆一口氣。

因為如此一來,當我們搭乘飛機去度假,當燃料污染環境,或者當我們在寒冬裡一邊開著窗戶、一邊又將房裡的暖氣調到35度,我們也不用感到良心不安。雖然眼下幾乎沒有任何聲譽卓著的科學家否認人類對於氣候變遷的影響,可是民粹主義者並不在乎事實,他們所著重的是情緒。

在2017、2018年的冬天,當美國東北部的氣溫降到零下30度,街上的無家可歸者慘遭凍死,美國總統川普竟在Twitter上寫道:「在東部,這可能成為有史以來最寒冷的除夕。或許我們可以稍微利用一下從前那種好的全球暖化;(過去為了防止這種情況),我們的國家可能花了幾十億美元的冤枉錢。」

這樣的陳述不僅挑釁意味濃厚,而且極不人道,其隻字未提那些被凍死的遊民。不過民粹主義者根本不管這些,因為挑釁就是他們策略的一部分。

溫室氣體二氧化碳(CO_2)是造成氣候變遷的部分原因。像是汽車所排出的廢氣,同樣也會製造碳排放。
依照人口平均計算,美國、加拿大和澳大利亞的人均溫室氣體排放量大約是歐洲的3倍,中國的8倍。

什麼是一個國家的第四權？

《基本法》是德意志聯邦共和國的憲法。裡頭是對這個國家及其公民最重要的一些規範。《基本法》的位階高於德國的其他一切法律規範。

如果在一個國家裡一切都是國家元首說了算，我們就會說那是獨裁統治。在一個民主國家，情況則截然不同，沒有人獨自擁有所有的權力，權力被分配在許多的職位上。之所以這麼做，無非是為了防止權力的濫用。

在德文中，當人們指涉「權力」時，在政治語言上會用「Gewalt」一詞來取代「Macht」。由於國家的權力分配（權力分立〔separation of powers〕）非常重要，因此它被規定於德國的憲法，也就是《基本法》（Grundgesetz）第20條第（2）項。根據這項規定，權力被區分成3種：

1. 制訂法律的權力（立法）。所指的是擬訂、討論與通過法律的議會。其中包括德國聯邦議院、德國聯邦參議院與各邦的議會。議員們在裡頭開會並投票決定規範在我們這個國家生活的法律。

2. 執行的權力（行政）。所指的是所有執行法律的機構，像是邦政府、警察、各種的機關與官署等等。舉例來說，如果一位警察在某個竊賊正在行竊時將他逮捕，他就執行了法律對他的要求。

3. 審判的權力（司法）。所指的是法院與法官。

除此以外，一個國家還有非正式的第四種權力，那就是：新聞媒體。其中包括了報紙、廣播、電視與政論部落格等等。雖然這種「第四權」不能制訂法律、也不能審判，但它卻能發揮對於民主制度具有重要意義的監督功能。新聞媒體可以告訴社會大眾國內所發生的一切，如有必要，還能引導公眾對於種種社會弊病投以關注。

不是每個人都有資格自稱屋頂工人，甚至是牙醫。不過，原則上，每個人倒是都能說自己是記者，因為這個頭銜是不受保護的。然而，記者代表了什麼，他在一個國家裡又扮演了什麼樣的角色？

請你想像一下，這世上不存在任何記者。於是，為了知道政治人物都在搞些什麼，你總是得要親自去跟蹤他們。你還必須親自檢驗政治人物是否都說實話。那會非常累人。

記者幫我們做了這樣的工作，他們為眾人傳遞關於政治、經濟、文化和一切具有新聞價值，且對於社會具有重要性（例如一場足球賽）的資訊。

為了讓記者完成這樣的工作，他們需要一定的權利。其中最重要的權利就規定在德意志聯邦共和國《基本法》第5條第（1）項：「每個人都有權利以文字、圖像自由地去表達與傳播自己的意見，並且毫無阻礙地從普遍可使用的資源獲取資訊。」據此，每個人都被允許獲得所有的資訊，而且可以公開表達自己的意見。

此外，《基本法》還規定：「新聞自由與透過廣播電視及電影的報導自由受到保障。不許採取任何審查（examine）。」「審查」一詞你或許曾在學校裡學到過。在新聞報導的脈絡下，免於審查意謂著，沒有人能夠規定記者應該說些什麼或寫些什麼；當然，只要內容不是非法的。

從前新聞媒體只有平面媒體，今日也包括電視、廣播以及線上媒體。

記者必須遵守哪些原則？

記者必須在採訪前表明自己是記者，並且意識到自己有義務報導事實。德國的記者在1973年時，為自己立下了《新聞法》，做為新聞工作最重要的規範。

在《新聞法》（Pressekodex）的16項原則中，第一原則就是：「重視真實、維護人性尊嚴、為公眾傳播真實的資訊，是新聞界的首要任務。」換言之，身為一名記者，永遠不該撒謊，而且心中總要考慮到人性尊嚴。人不得因殘疾、膚色、宗教、信仰或屬於特定種族而受到歧視。

記者的另一項重要的原則是，他們必須去做調查，換言之，必須去查核與檢驗，不能僅僅只是做出某些斷言或轉述某些斷言，而是得去尋找支持斷言的相關證據。在一位記者發布照片、影片、圖表、文字或錄音前，他必須先確保那不是偽造的。萬一出現了錯誤的陳述，他或他所服務的媒體則必須公開更正錯誤。

《新聞法》中所規定的原則，有時會被記者言簡意賅地歸結成一句箴言：「搶第一，但正確才是第一優先！」這意謂著，試著成為第一個報導某個消息的人，可是首先必須確保消息是正確的。

任何違反《新聞法》原則的人，都會受到德國媒體理事會（Deutsche Presserat）的譴責（Rüge），而且必須公開這些譴責。

德文「kodex」一詞源自拉丁文的「codex」，意思是小冊子或是書。

德國媒體理事會是出版業者與各個記者協會的聯合組織。

譴責是一種斥責或警告。

聯邦新聞會議可說是德國新聞業獨立自主的招牌。記者經常邀請政治人物參加這個會議，以回答他們所提出的問題。

什麼是聯邦新聞會議？

在世界上任何其他的國家，情況都不是如此。舉例來說，在美國，記者總被美國總統邀請到華盛頓；記者會何時開始、何時結束，全由總統說了算。

　　德國則是採取不同的做法。為了確保新聞媒體的獨立性，記者在1953年成立了「聯邦新聞會議」（Bundespresse-konferenz e. V.）這個組織。在這裡，就連風格比較尖銳犀利的記者，也能對政治人物提出一些或許會令他們感到不快的問題。這與華盛頓的情況有所不同：在那裡，總統往往不讓這樣的記者發問，即使他們舉了手。

　　為了讓政治人物和記者在新聞會議中能夠好好地對話，首先最重要的是，他們可以完整、仔細地提問與回答；其次是，他們彼此之間要有某種程度的保密。對此，有個一般在新聞業裡也該同樣被遵守的對話準則，那就是：如果記者從某位政治人物那裡獲得一項背景資訊，可是談話對象卻完全不該透露這項資訊，這時德文的新聞術語會稱這種資訊為「unter drei」＊（字面的意思就是「三以下」）。如果政治人物堅持，記者既不能提到他的名字、也不能引述他的話，德文的新聞術語稱這種資訊為「unter zwei」（字面的意思是「二以下」）。如果政治人物或消息來源不做任何限制，那麼德文的新聞術語則稱這種資訊為「unter eins」（字面的意思是「一以下」）。這時記者就會說，他們可以「直言不諱」。

＊ 編注：英文為「off the record」，意即非正式的、不公開發表的。

編輯——
對抗假新聞
最好的方法？

一份報紙的核心是編輯。在編輯室裡，編輯們會檢查與處理文本，以便發布。在其他的媒體領域裡，像是廣播和電視，同樣也有編輯。

編輯與媒體企業的規模有關。一份圖文並茂的傳單可由單一個人天天撰寫與編輯。這對一份報紙來說是不可能的；有太多的頁面得要填上文章，有太多的資訊得要整理和處理，還有太多的圖片或照片得要編排。也因此，在一份日報或週刊的編輯室裡，有大量的編輯、實習生、自由撰稿人及其他許多人共同合作。他們全都被視為新聞工作者。

地方的編輯往往會親自前往地方的政府或議會。自由撰稿人會去報導足球比賽。**特派員**（〔correspondent〕或稱通訊記者）則會去採訪部會首長。

世界各地的新聞通訊社所提供的消息，同時也會在編輯室裡處理，也就是閱讀和評估。所有的這些資訊會被編排進報紙的架構中；體育新聞排入體育版、政治新聞排入政治版……對於一個編輯室來說，重要的是，有許多的編輯一起工作；這使得他們能夠互相幫助與監督。舉例來說，比起一個團隊，單獨一人更容易被假新聞所矇騙。讀者對於報導的正確性所賦予的信賴，對於報紙的生存至關重要。知名的新聞雜誌《明鏡》就僱用了 70 名文獻資料員，他們的工作無非就是在發表一篇報導前，先查核一下相關事實。然而，規模較小的區域性報紙，情況則往往完全不同。在那裡，鄉村地區的外圍編輯室只有少數的編輯，在面臨不斷增加的工作量下，往往難免出錯。

透過多次的日常會議，諸如政治或體育等編輯部門會在城市的主編輯室裡相互協調、共同決定。有時還會召開一場

圖片會議，藉以與照片編輯商討適合的圖片。圖片的真實性同樣也十分受到重視。為了讓編輯、廣告部門與製作（也就是排版與印刷）之間的協調工作能夠順利進行，有個掌握了一切主導權的「總主筆」（managing editor，簡稱ME）。

特派員會被派往事件現場，藉以從當地直接進行報導。

在德文中，日報經常被人稱為「Blätter」（意即葉子、紙張、刊物）。當所有的報章雜誌都在報導某件事情時，人們則會說這是「Rauschen im Blätterwald」（字面上的意思就是「在樹葉森林裡的噪音」；引申為「新聞界大肆渲染的事情」）。

最後，所要刊登的文章會由主編輯室，主編及其副手審閱與批准，因為報紙上的內容主要是由他們來負責。主編通常會針對社會或政治方面的重要議題撰寫一篇位階更高的評論。有時發行者也會參與編輯工作。他會出版報紙並承擔所有相關的成本與風險。如果某篇報導或文章偏離「刊物」（〔Blatt〕原意為「葉子」）的路線，發行者可以提出異議，並且拒絕發表那篇報導或文章。

「刊物的路線」所指的是，報紙或雜誌所具有的某種政治傾向；它們可能偏左或偏右。換言之，報紙有時會主張與某些黨派類似的意見，並給予某些政治議題相應的評論。

可以確定的是，在一個報紙的這種組織下，假新聞沒有太大機會能夠在完全不被發現的情況下登上報紙。公共廣播電視公司（如ARD與ZDF）或民營廣播電視公司（如n-tv）的情況也類似。

人人都能經營部落格。但你該注意些什麼？

網路造就了一種新型的記者：部落客。他們不稱自己為記者，但所做的卻是類似的事情。凡是像他們這樣刻意將資訊散布給公眾的人，都應享有某些權利，也應遵守某些規則。

其中包括了《新聞法》，換言之，部落客也必須遵守同樣適用於記者的規定。部落客主要都是像你、我這樣想在網路上分享心得的網路使用者。他們往往會著眼於某個特定的主題，像是滑雪、美容產品、書籍、政治或遊戲等等。光是在德國，就有大約30萬名部落客。

有別於許多的記者，部落客多半未曾在報紙或其他媒體裡接受過培訓（實習）。他們會在自己的工作中援引德國《基本法》第5條，根據該條目的規定，任何人都能自由地發表自己的意見。

然而，言論自由同樣也有其限制。舉例來說，你不能夠去侮辱任何人，不能夠去中傷任何人，也不能夠去誹謗任何人，因為那麼做是會被處以刑罰的。

根據《新聞法》，部落客應該謹慎地研究、調查。為此，人們應當仔細探究各個主題，並且提出贊成和反對的論據。最重要的是，人們所發表的內容都不能逾越現行有效的法律規範，否則將會面臨嚴厲的刑責。

舉例來說，那些在YouTube或Instagram上與某些產品同框、或提及某些產品的美容部落客或時尚部落客，他們與產品的緊密關係會讓他們的身價提高。他們必須總是清楚表明，什麼時候他們正在為某項產品做廣告。網紅們必須以「廣告」的附註來表明這一點。

菜鳥部落客特別會犯這樣的錯誤：他們會去連結許多網

站。但這樣的做法卻可能會適得其反，因為在某些情況下，他們得為那些連結網站的內容負責，而且還得支付罰款。

　　除了馬術部落客、體育部落客、遊戲部落客、美容部落客與自我表現的部落客以外，還有一些部落客是政治部落客。柏林的沙夏・羅柏（Sascha Lobo）就是個著名的政治部落客，他為《明鏡》網路版撰稿。羅柏在工作上以德國的《新聞法》為依歸。因此，在他的網頁上，人們也都能見到詳細的版權說明。

「blog」（部落格）一詞是由「web」（網路）的最後一個字母和「log」（有「航海日誌」之意）這個單字組合而成。部落格就像是網際網路上的日記。

諸如作家、音樂家、攝影師或電影製作人都是**著作權人**。他們的作品適用著作權法。

人們如何處理影片和圖片？

　　原則上，一個部落客如果使用了不是自己所製作的影片、照片、圖表或錄音，那麼他就應該查明相關的版權歸屬。因為這些材料受著作權法的保護。也就是說，未經**著作權人**許可，不得以其他方式發表。

　　如果部落客自己製作了一張照片，他則必須確保被拍攝的人同意他發表；只有少數的情況例外，例如示威、政黨集會或眾多人群的照片。不過，即使是在這樣的情況下，如果某個個人不想入鏡，也可能會有問題。此外，未經父母同意，絕對不得拍攝兒童。

　　在某些情況下，如果有助於佐證自己的想法，即使未經作者事先許可，也可以引用文本，不過引用應盡可能簡短，而且應在引用的開頭與結尾處清楚標明。此外，還應標明引用的來源，也就是，所引用的內容出自何人、曾發表於何處。

5

你的個資與新媒體的力量

Deine Daten und die Macht
der Neuen Medien

新媒體、新公司——什麼是「新經濟」？

什麼人在這世上賺了許多的錢？沙烏地阿拉伯的那些石油鉅子當然是其中之一。不過，隨著網路的普及，產生了一種珍貴的新原料，那就是資訊！媒體企業與數據分析公司就是靠資訊發大財。

我們每天在 Instagram 上瀏覽、聊天或閒晃的次數愈多，就會產生愈多關於我們的數據。諸如 Facebook 或 Google 等公司，會利用這些數據針對性地幫特定商品打廣告。

在 30 年前，恐怕沒有人能夠想到媒體企業居然可以賺這麼多錢，而且還能變得愈來愈有影響力。如果說，屬於「舊經濟」的公司所做的是製造汽車、服裝或武器等產品，那麼屬於「新經濟」的公司所做的就是提供數據。它們沒有任何粗重活；Facebook 和 Google 不必將汽車運往世界各地銷售，只需點擊一下滑鼠，就能發送它們的產品。對於屬於新經濟的公司來說，重要的是，它們可以廉價地取得數據，然後再以高價出售。如果你接受 WhatsApp 或 Instagram 的使用條款，你等於就把自己的數據或個資送給這些服務商。沒有什麼原料的取得能比這種方式更廉價了！

「new economy」意思就是新經濟。諸如 Apple、Amazon、Intel、Adobe 或 Facebook 等新經濟知名企業，都群聚於美國舊金山市附近的矽谷。

無論你在網路上做些什麼，都會產生數據；像是你的購物行為、聊天內容、在Facebook上分享的連結、在Google上查詢的主題，或是在Instagram上發布的照片等等。如此大量的數據是種危險嗎？

網路媒體企業如何利用你的數據？

你在網路上的每個動作都會引發一串連鎖反應。首先，社群媒體、銷售平台或搜尋引擎會得到與你的行為有關的數據。舉例來說，如果你在 Instagram 上發布了一張小狗的照片，那麼你可能喜歡毛小孩，也許你甚至是個狗主人。分析師（連鎖反應的第二環）可以透過取得你的購物數據，更準確地找出答案。因為你或許也會在網路上購買狗飼料。或者，你曾在寵物用品商店使用電子現金卡（EC-Karte）付款。又或者，你有一張集點卡（Payback Card），它會記錄你的每筆消費。對於**數據分析師**（data analyst）來說，你在網路上或在**購物**時的每個動作都很重要。所獲得的數據可以透露給分析師許多關於一個人的事情；例如這個人究竟是個喜歡走出戶外、還是喜歡待在家裡的人。

不過數據分析師會探查得更深入。他們會蒐集與你的偏好和品味有關的資訊，進而去思考，好比你的數據透露了做為選民的你的哪些事情，而他們又能如何針對性地促使你去支持特定政黨的候選人。

接著，他們會透過 Facebook 或其他方式餵給你你想看到或聽到的資訊。在專業術語裡，人們稱這種方法為「微目標定位」（micro-targeting）。「微目標」（也就是做為一個人的你）會被直接取悅、討好。

諸如紐約的數據公司「劍橋分析」（Cambridge Analytica）的**數據分析師**，會從你在網路上的行為得知，你喜歡或不喜歡些什麼。

每回的線上**購物**都會透露關於你的生活方式的某些事情。舉例來說，一個購買了某昂貴品牌的割草機的人，或許擁有一棟附有花園的房子和許多的財富。

為何Instagram 和WhatsApp 如此強大？

如果你想購買一輛自行車，你可以去比較許多不同的商家，有許多不同品牌的自行車可以選擇。換言之，各商家與各品牌會相互競爭。然而，如果所涉及的是社群網路，情況則截然不同。

Facebook是一家美國的公司，它的旗下擁有社群網路Facebook與線上服務Instagram和WhatsApp。Facebook是全球最受歡迎的社群網路，幾乎已經到了無可匹敵的程度。它的創始人是馬克・祖克伯（Mark Zuckerberg）。在2003年時，這個原本在哈佛大學（位於美國麻州劍橋市）攻讀心理學與資訊學的學生開發出了一個名為「facemash」的網站。學生們可在這個網站上評價女性的顏值。為此，祖克伯未經許可張貼了眾多女性的照片。在女性和校方的反對下，這個網站後來遭到刪除。

到了2004年，祖克伯接著又創辦了社群網路Facebook，繼而更在2012年以「Facebook Inc.」這個公司的名義將企業上市。從那時起，Facebook的股價不斷上漲，更在全球開拓了超過20億的用戶。這意謂著，全球每三人就有一人每個月至少使用Facebook一次。這產生了極為大量的數據。該集團還透過旗下的線上服務WhatsApp與Instagram獲得其他更多的使用者數據。憑藉這些數據，該集團對它的客戶們有非常多的了解。

誰能做些什麼來對抗這種情況呢？使用者嗎？他們可以像是放棄WhatsApp，改用Threema等其他的服務。然而，使用者多半連嘗試一下都沒有。因為他們發現自己很難背離Insta-

小建議：不妨去打聽一下替代的即時通訊服務，像是Threema、Telegram或Signal等軟體。

小建議：請檢查一下，哪些App可以取用你的哪些數據。你可以在一般商務條款與設定裡找到這方面的資訊。

　過濾氣泡、假新聞與說謊媒體──我們如何避免被操弄？

gram 或 WhatsApp；原因很簡單，因為他們的朋友也都使用這些服務。

這也是為何許多使用者根本不去閱讀一般商務條款，而立即勾選同意的原因之一。他們無條件地希望成為使用者社群的一部分、希望待在使用者社群裡，即使得要放棄某些權利，或白白贈送關於自己的**數據**也在所不惜。他們就是相信，這個集團不會去做壞事。

然而，在過去幾年裡，各種醜聞卻一再浮上檯面，像是 Facebook 上的仇恨言論太晚被刪除、數據分析公司取用了數以百萬計的 Facebook 用戶的個資。

政治踩了Facebook的煞車。

在經濟中有所謂「壟斷」的概念。也就是說，人們或顧客所仰賴的某種商品只有一個供應商擁有。如果只有一家公司供應自行車，那麼無論如何你也只能向這家公司購買自行車，即使它們品質不好，老是故障。在社群網路方面，Facebook 就具有這樣的壟斷地位。一個人如果想在網路上與他人交織成網絡，幾乎非得使用這項服務；即使他自己已經意識到它的缺失，例如在個資保護方面。然而，自 2016 年的美國總統大選以來，許多國家卻都試圖對 Facebook 施予更多的影響力。因為在那場大選後，人們發現 Facebook 並未保護大量的使用者數據免遭「劍橋分析」所取用，這家紐約的數據公司憑藉這些數據，針對性地為政治人物與政黨進行宣傳，最終對於選舉結果造成了重大的影響。在被人大肆批評後，Facebook 的創始人祖克伯承諾，未來將更妥善地保護客戶的數據資料免遭取用。此外，歐洲也在 2018 年實施了更為嚴厲的數據資料保護法令。

誰是媒體世界裡的間諜？

幾乎每支手機裡都存在著隱藏的App，也就是隱藏的（惡意）程式。更不用說電腦裡的病毒了。它們是數位媒體世界裡的蛆蟲。然而，它們是什麼樣的程式呢？它們又想從使用者那裡得到些什麼？

它們要嘛就是想要發掘關於你的行為的資訊、讓你的生活變得困難，要嘛就是想要透過你的設備將有害的軟體繼續轉傳給其他的使用者。人們通常會說它們是惡意程式或惡意軟體。惡意軟體可以傳染給你的手機、電腦或筆電，有極多的類型，舉例來說：

所謂的「病毒」（virus）非常討人厭，因為與致病的「真實」病毒類似，它們可以自我繁殖，也可以寫入資料檔案、作業系統或程式裡。

如果電腦告訴你，你的設備裡有病毒，這有時是真的，但有時這個壞消息的傳達者其實正是病毒的一部分。「恐嚇軟體」（scareware）會讓你害怕感染病毒，並且建議你下載某種防毒程式，但那其實才是真正的惡意程式。

「流氓軟體」（rogueware）會假裝要幫你刪除惡意程式，就在你想要刪除惡意程式時，你反倒下載了惡意程式。

「電腦蠕蟲」（computer worm）會透過網際網路散布到各個網路系統所屬的個別電腦。

「特洛伊木馬」（Trojan horse）指的是那些假裝對你有好處、但卻在它們的核心裡埋藏了病毒的程式。

「間諜軟體」（spyware）通常會出現在手機和電腦裡。它們的目的在於發掘關於你行為的資訊或你的個資。憑藉這些數據，企業就能針對性地進行廣告宣傳。間諜軟體往往會隱藏在某個好用的程式裡，或你所下載的某個遊戲中。

藉助所謂的「勒索軟體」（ransomware），勒索者會將受害者的作業系統鎖住，直到受害者支付贖金，他們才會為受害者解鎖。舉例來說：在飯店裡，人們會用晶片門卡來開門。勒索者可以鎖住那些門的使用代碼，使得客人無法進入房間，或讓房門永遠保持開啟。接著飯店業主就會被勒索贖金，在收到贖金後，勒索者才會再次讓作業系統正常運作。這筆贖金往往是以**比特幣**支付。

比特幣（bitcoin；英文原意為「數位硬幣」）是一種可用來在網路上付款的數位貨幣。人們必須先用「真正的」金錢去換取。

駭客是在未經授權下侵入電腦系統的人。

除了各種惡意程式以外，還有其他方法可以在未經授權下取得你的數據資料。舉例來說，你的密碼可能會被人以「網路釣魚」（phishing）的手法騙取。為此，**駭客**（hacker）會模仿你所熟悉的網頁。它們可能是銀行的網頁或賣家的網頁。一旦你在這些虛假的網頁上輸入你的授權資料和密碼，竊賊就掌握了這些資訊，進而會去掏空你的帳戶。

特洛伊木馬一詞源自希臘神話。前來攻打特洛伊的人，在久攻不下之下，索性假意送給特洛伊人一匹巨型木馬。在特洛伊人將這匹木馬帶進自己的城市後，事先藏在木馬裡的士兵伺機而出，進而奪取了那座城市。

最高機密──
你該如何設定
安全的密碼？

密碼總面臨著同樣的問題：如果你使用一個你自己容易記住的密碼，它也很容易就會被破解；如果你使用一個複雜的密碼，你自己也很容易就會忘記。不過，倒是有一種能夠解決密碼壓力的補救方法。

不定時更改自己的密碼，不要在多個服務裡使用同一組密碼，服務商所提供的密碼一定要更改。

一組密碼應該至少要有12個字符，包括大寫與小寫的字母、數字及特殊符號。應該避免使用重複的數字、字母或符號。

應該避免使用自己的名字做為密碼，父母、好友、兄弟姐妹或寵物的名字亦然。永遠別以自己的手機號碼或出生日期當作密碼。

不要選擇像是「Fortnite」（要塞英雄）、「Princess」（公主）或「JamesBond007」（詹姆士‧龐德007）這類流行的用語或名字做為密碼。

此外，不要將密碼存在電腦或手機上。如果你用手寫的方式記下，應將筆記藏在安全的地方。絕不要將自己的密碼透露給他人。感情難免生變。在更改密碼前，說不定你的前男（女）友早已利用你的密碼搞了什麼破壞！

沒有興致去思考或記住密碼的人，不妨藉助網路上的密碼生成器。同樣能在線上取得的密碼管理器也很有幫助；它們能將私密的數據資料以加密形式儲存在硬碟的資料庫中並產生一組主密碼，之後人們則可使用這組密碼取用其他的密碼。你不妨去參考一下人們所做的一些最新測試，看看有哪些密碼管理器獲得推薦。

6

歡迎來到
智慧型手機的世界！
Willkommen
in Smartphonia!

你能如何更有效率地利用搜尋引擎？

如果想在網路上搜尋些什麼，人們大多都會藉助 Google。這並不是很難：只要在搜尋欄中輸入關鍵字，人們就能立即獲得各種網頁的連結。然而，有時其中卻也會有些其實與搜尋主題不太相關的網頁。

如果你經常遇到這種情況，那麼請你閱讀一下以下的小訣竅。你可以限定自己的搜尋範圍。在這當中，Google的搜尋運算子（search operator）可以幫助你：

AND：如果你在搜尋欄中輸入**蜜蜂 AND 蜂蜜**，Google 將只顯示同時出現這兩個詞彙的頁面。

OR：如果你在搜尋關鍵字間置入 OR，搜尋引擎將會搜出只要有出現兩個關鍵字之一的所有頁面。

-：減號是用來排除某個關鍵字。舉例來說，如果你只要尋找關於蜜蜂的網頁，卻不想知道有關蜂蜜的任何資訊，那麼請你輸入**蜜蜂 -蜂蜜**進行搜尋。（編按：減號前須有空格）

"…"：如果你想尋找一首歌，但卻只知道副歌或部分歌詞，你可以將這些文字放入引號中。接著 Google 就會搜尋按照這些文字排序的字串。舉例來說，如果你輸入關鍵字**"Baby bitte mach"**，你就會找到〈來去世界走一圈〉（Einmal um die Welt）這首歌。

define：如果你想知道某個詞彙的意思，例如某個外來語，你可以在搜尋關鍵字前加上 define:。接著 Google 就會專門搜尋字典或詞典中的相關定義。

site：如果你只想獲得某個網站（例如 Amazon）的搜尋結果，你可以輸入 site:amazon.de（後頭再加上你要搜尋的關鍵字），利用 site: 這個運算元限制搜尋範圍。利用 site: 這個運算子，你還可以將搜尋範圍限制於特定的國家／地區

代碼，例如限制於德國：site:de。（編按：關鍵字與運算子之間須有空格）

＊：如果你要搜尋某個引文或標題，但你只記得它的一部分，你可以使用星號做為占位符，例如 Harry * Stone *。接著，你就會搜出《哈利波特：神祕的魔法石》（*Harry Potter and the Philosopher's Stone*）的相關聯結。

filetype：利用這個搜尋運算子，你可以專門搜尋某些檔案類型，例如 PDF 格式的文件或 MP3 格式的歌曲。搜尋時，你可以像以下這樣輸入：filetype:pdf 或 filetype:mp3。（編按：關鍵字與運算子之間須有空格）

除了搜尋運算子，Google 的搜尋過濾器也能幫你專門搜尋圖片、新聞、地圖、影片、購物提示、書籍與其他一些東西。你可以在搜尋欄下方的欄位裡找到搜尋過濾器。「工具」標籤也相當好用。藉助它，你可以用不同的方式限制搜尋範圍，例如，在時間上限制在過去 24 小時或過去一週，在區域上限制在特定國家或特定語言。在「設定」標籤下，你可以更改 Google 搜尋的基本功能。

如果你想透過網路搜尋圖片或想要了解某張圖片，你可以選擇 Google 過濾器「圖片」。在搜尋欄的右側，你會見到一個相機的小圖示。請你點擊它。這時你有兩個選擇：你可以將你電腦裡的圖片上傳到搜尋欄，或是將圖片的「統一資源定位符」（uniform resource locator，簡稱 URL）貼到搜尋欄中。這時 Google 會在網路上搜尋這張圖片與其他類似的圖片，會提供你與圖片中所出現的人物匹配的陳述，或是為你顯示你的圖片源自哪個網頁等等。

如何抵抗過多的資訊？

從德國到中國得繞地球近半圈。歐洲與美國之間隔了一片大西洋。透過網路，這個世界連結得更為緊密，因為數據資料能夠更快地從一個地方流向另一個地方。

書信和電話，費用昂貴且速度緩慢。一封信從新加坡寄到里約熱內盧需要幾天的時間。從阿根廷打到法國的電話也不便宜，即使你只是要傳遞一份蛋糕食譜。藉助WhatsApp或電子郵件，這一切都變得更容易、更便宜，而且你還可以立即發送照片和影片。

當在千禧年之前有愈來愈多人開始使用網路時，「地球村」（global village）一詞常被人們提起。這個詞彙是出自加拿大的媒體專家赫伯特‧馬素‧麥克魯漢（Herbert Marshall Mc-Luhan）。他在1962年時曾經談到「網絡化的電子時代」。

除了網路的擴張以外，世界上有愈來愈多人會英文這種世界語言，對於促成這種網絡化也很重要。此外，全球人口從1995年的57億激增至2018年的75億，也是一個重要的因素。如今全球有更多的人希望彼此能夠相互交流或進行商務往來。在這樣的情況下，世界成了一個「地球村」，資訊可在其中以快如閃電的速度傳遞，貨物則可在各個大陸間通有運無。

可是地球村裡的資訊有什麼問題呢？

速度更快的網路，普及的電視、廣播、報章雜誌、手機、個人電腦，乃至於Twitter、Facebook和所有其他的社群媒體，使得資訊成了一股真正的洪流。我們隨時都能被通知，也隨時都能知道世界各地發生了些什麼事情。這就彷彿我們總在事發現場附近，只不過我們無法真正參與其中。因為，

過濾氣泡、假新聞與說謊媒體——我們如何避免被操弄？

在距離我們最近的周遭環境裡，通常不會有像媒體所示那樣吸睛的事情發生。未來學專家艾爾文‧托夫勒（Alvin Toffler）早在1970年時，就已提出了「資訊超載」（information overload）的概念。當一個人，在面對關於某個主題的大量資訊下，無法綜觀全局，從而也無法相應地做出決定，就會發生這種情況。我們根本難以過濾每天湧向我們的大量資訊，於是，我們不再能將重要的資訊從不重要的資訊裡抽取出來、不再能將有趣的資訊從無趣的資訊裡中分離出來。

當你透過自己的感官（眼睛、耳朵等等）同時接受了許多不同的刺激，致使你再也無法處理這些刺激，這時就會發生所謂的**感官超載**。如果經常處於感官超載的情況，恐怕就會產生專注方面的問題。

不過，你倒是可以保護自己免於這種「感官超載」（sensory overload）。舉例來說，你可以藉由限制你自己每日使用媒體的時間來做到這一點。你應該思考一下，哪些資訊對你、你的生活和你的想法確實具有重要性。你應該問問自己，你是否非得觀看某人的電玩實況直播、是否非得要把某部影集的剩下四集一口氣全部看完、是否非得到了深夜還要讓人聯絡上你，以便讓你隨時掌握最新的進度。你不妨想想，偶爾讓心靈休息一下、偶爾什麼也不做、偶而平靜地讀一本書、偶爾在晚上9點就關掉手機，這麼做是否或許對你有益？

如果你想專注地做一件事，請你試著別讓其他的刺激令你分心。你只要在例如做作業時關掉你的手機，這樣你就不會被WhatsApp、Snapchat或Instagram上的發文分散注意力。

在社群媒體上，請你盡可能不要凡事都參與討論。你不必對班級群組裡同學們所說的大小事全都做出回應。有時擺脫這一切會讓你感覺更好。

什麼是媒體使用協議？

或許，在你們家裡，像是你每天可以使用多久的手機、看多久的電視或是打多久的電動之類的問題，常會引發你和父母的爭吵。為了避免這種衝突，你們不妨簽訂某種協議。

你們可以互相商議，你每天（或每週或每月）可以用什麼樣的方式使用什麼媒體多久的時間。雙方都得對於商議得出的一致結果表示同意。你們最好以書面的形式訂立協議。你們務必要仔細思考，你們要在哪些事情上取得協議。參考一下以下的內容會很有幫助：

時間：得要說清楚，你每天可以使用螢幕媒體多長的時間。原則上，在做作業或用餐時，你應該不能使用手機。

行為：如果有人在網路上跟蹤你或霸凌你，你應該向父母尋求協助。在線上遊戲、聊天室或其他社群媒體裡，你不應洩露自己的個資。

圖片和其他：未經他人同意，你不得製作或公布他人的任何照片、影片或錄音。

設定：你應與你的父母一起查看你的手機，和你所使用的應用程式的設定。你們應該一起思考，你能如何保護自己的個資。絕不透過公用的無線網路發送個資，只在必要時才開啟藍牙、FaceTime或GPS。

線上遊戲：不要排擠你的父母。他們偶爾也能在一旁觀看，甚至可以一起遊玩。遊戲是否適合你的年齡，應由他們來決定。

金錢：你可以在遊戲或**應用程式內購**上花多少錢？哪種手機資費最適合你？你們應該共同確立一個財務框架。

www.mediennutzungsvertrag.de 這個網站可以幫助你們立即訂立一份協議。

有些供應商，會透過所謂的**應用程式內購**，在你遊戲的過程中為你提供付費取得的高級功能選項。例如，在《部落衝突》（Clash of Clans）這款遊戲中，你可以付費升級；當然，你也得為此花上一筆不小的錢。

馬克總是與手機形影不離。他打電玩、聊天、追劇。手機是他隨身的伴侶。人們隨時隨地都聯絡得上他。長期下來，他被搞得精疲力竭。然而，如果沒有手機，他又到底活不活得下去呢？

數位排毒——你如何從科技中自我「解毒」？

如果你無法遠離你的智慧型手機，你在做作業時常會因你的手機而分心，而且你老是認為，要是不每隔幾分鐘看一下手機，恐怕就會錯過什麼重要的事情，那麼手機對你來說就成了一種壓力因素。最遲到了這個時候，你就該經常做**手機齋戒**了！請你試著時不時地把自己的手機設成飛航模式，這樣你就可以在一段時間內不受手機的打擾。特別是在你做作業的時候（或是當你對於某個遊戲程式欲罷不能）；另外也有一些App可以幫助你進行這種手機齋戒。

手機齋戒就是有意識地暫時放棄使用手機。

「digital detox」的意思就是戒除數位毒癮。

　　所謂的**數位排毒**（digital detox）甚至更甚於手機齋戒，它還包括了放棄對於其他媒體的依賴。數位排毒目標在於降低媒體的使用度。如果你想從智慧型手機、個人電腦或電玩中自我「解毒」，你就該嘗試一下以下的方法：關閉即時通訊或其他服務的聲音與推播通知；不要立即對每個訊息都做出反應；使用鬧鐘代替手機；將自己的行程寫在紙本的筆記本上；用餐期間關閉手機，或將手機切換到飛航模式；與家人共同規畫一個在其中不許使用電腦、遊戲機或手機的空間；打電話不要聊天；偶爾刻意將手機「遺忘」在家裡；固定某一天（甚至整個週末）做為無媒體日。

成癮危險──
從何時起依賴會
對我們造成威脅？

無論是電腦、智慧型手機，還是遊戲機、網路，媒體很容易令我們著迷。許多人也會在賭博時很容易就忘了時間。然而，從什麼時候起，某種行為會變成問題呢？娛樂活動在何時變成了一種癮？

這些問題並不容易概括地回答。因為「正常」使用與成癮行為之間的界限是流動的，並非每個盯著電腦螢幕度過週末的人都會自動變成電腦成癮。

如果在一段較長的時間裡出現了一個甚至多個以下的情況，問題才算變得嚴重：你的思緒老是圍繞在電腦、遊戲機或智慧型手機上打轉，這些機器左右了你的日常生活，你得要費很大的工夫才能讓自己離開螢幕。你花在遊戲、聊天或上網的時間失去控制，就連到了三更半夜你也欲罷不能。你花在媒體上的時間不斷延長，你也很難停止使用媒體或限制使用媒體的時間。你忽略了自己的日常職責，例如你的家庭作業。一旦你得放棄使用電腦、手機或網路，你就會變得緊張、焦慮或煩躁。你愈來愈常疏遠朋友和家人，一個人沉浸在媒體的世界裡。你荒廢了從前的興趣或愛好，也荒廢了學業。為了打電動或是在線上與人聊天，你甚至到了廢寢忘食的地步。你的密集使用媒體反映在你的生理上，例如你老是會覺得很累、暴瘦或暴肥。就算會對你的日常生活或你的健康造成負面影響，你還是放不下那些機器。你企圖藉由沉浸在虛擬世界中，來逃避「現實」生活裡的失望、失敗或種種難題。

萬一存在著依賴的問題該怎麼辦呢？

如果你懷疑你的朋友圈中有人有媒體依賴、媒體成癮的

問題，請你與對方談一談，告訴對方你為他感到憂心（完全不帶價值判斷，也沒有責備的意思）。這或許會是幫助你的朋友的第一股動力。任何想要確認自己是否有依賴或成癮問題的人，都可以例如藉助一項匿名的自我檢測。www.ins-netz-gehen.de＊這個網站就有提供這樣的檢測。萬一你確實有依賴或成癮的問題，請務必要尋求協助，因為這是一種危險且必須嚴肅對待的疾病。如果你不敢對你的朋友或父母吐露實情，你不妨尋求某些免費的協助，例如「**解憂專線**」（Nummer gegen Kummer），電話：116111。＊在本書的附錄裡有更多關於協助資源的資訊！

在對抗依賴或成癮問題上，重要的是，無論如何別讓當事人承受壓力，也別去責怪當事人。依賴或成癮有很多成因。個人的問題，像是憂慮、孤獨或自卑感，是常見的因素。必須先去了解這些問題，人們才能幫助當事人。如果家人和朋友能夠花點工夫，幫助當事人再次從團體活動或過去的愛好中獲得喜悅，以這樣的方式創造一股抵消想要使用媒體的平衡力量，那會很有助益。只不過，如果沒有專業的協助，人們會很難對抗依賴或成癮的問題。幸運的是，如今在我們的社會上存在著許多的求助點，特別是對於青少年（參見附錄）。

＊ 編注：台灣讀者可利用台大心理學系陳淑惠教授編制的「**陳氏網路沉迷量表**」（CIAS），或是公共電視的「**網路成癮測驗**」（http://web.pts.org.tw/php/event/livehouse.in/index.html）。

＊ 編注：台灣讀者可撥打衛福部「**安心專線：1925**」（24小時免付費心理諮詢服務），或是利用「**台灣展翅協會**」（http://www.web885.org.tw）的線上匿名諮詢。

什麼是演算法？

YouTube是青少年十分常用的入口網站。為了讓你盡可能長時間逗留在這個平台上，YouTube會記錄你的每次點擊，而且還會提示你一些你或許會感興趣的影片。YouTube是如何做到這一點的呢？

這與幫助YouTube這個入口網站運作的電腦是如何被編程有關。編程的背後隱藏了數學的演算法。**演算法**（algorithm）類似於逐步指南，例如摺紙飛機的指南。如果我們按照逐步指南一步一步操作，我們最終就能得到所期待的結果，例如摺出一架紙飛機。電腦也需要這樣的指南才能執行某些功能。

YouTube與各種搜尋引擎的演算法目前的運作方式如下：它們會蒐集並記住你的每次點擊，進而識別你特別喜歡或關心的內容。接著，會目標性地為你過濾出特定的影片、產品或交友建議，並把這些顯示給你。你肯定也已注意到，當你對某些主題感興趣或購買某些東西，有時你會收到相關的廣告。至於那些不合你意的內容，演算法則會過濾掉。

如果你讓自己接受這些自動生成的建議指引，你很快就會陷入「過濾氣泡」（filter bubble）裡。如此一來，你會錯過許多你同樣也可能感興趣的東西，或是錯過對於真的很棒的人的交友建議。

以下幾節將有助於你了解，什麼是你跳脫過濾氣泡最好的方法！

「algorithm」一詞源自阿拉伯數學家花拉子米（Abū Abdallāh Muḥammad bin Mūsā al-Khwārizmī, 780-840）之名。這位學者曾住在巴格達（位於今日的伊拉克），他曾是「智慧宮」（Bait al-Hikma）的一員。

我們大家都希望能夠自由地獲取資訊。網路似乎給了我們所有的選擇。然而，事情其實沒有那麼簡單，因為搜尋引擎與社群媒體不但知道我們的偏好，更會進而不斷地對我們投以所好。

當別人替你選擇時──什麼是「過濾氣泡」？

這關乎你的點擊行為。搜尋引擎、網路商店與社群媒體會儲存每次的點擊，進而從中得出一些結論。

舉例來說：你想買一塊衝浪板，於是你就在網路上搜尋，在YouTube上觀看一些相關的影片，或是在WhatsApp上與朋友討論各式衝浪板。數位平台會記住你的這些舉動，進而過濾出給你的一些建議。下回當你例如在搜尋鞋子時，你可能就會看到某個受歡迎的衝浪板品牌的廣告，在YouTube上你也可能會看到某些衝浪板的影片，突然之間，在你的媒體世界裡，衝浪板變得無所不在。

網路組織者先驅伊萊・帕理澤（Eli Pariser）為此創造了「過濾氣泡」一詞。過去偏向X黨與偏向Y黨的朋友都會來看他的Facebook。如今他的Facebook卻經常都只有偏向Y黨的朋友會來發文。很快地，他幾乎看不到偏向X黨的朋友的任何發文。長期下來，他變成只看到偏向Y黨的意見。他被一個「過濾氣泡」所包圍，誤以為整個世界就和他那些偏向Y黨的朋友所說的一樣。

一個人如果被這樣的過濾氣泡所迷惑，他很快就會失去客觀的視野，因為他只從單一的角度去觀察。尤其是在爭議議題上，這點特別容易讓議題變得更為難解。一個人若是不試著去理解對方的想法，那會很難尋求妥協。

你在同溫層裡聽到了什麼？

你可能會被假新聞所蒙蔽。但有時你卻也會欺騙自己。在這方面，諸如Instagram、Snapchat、Facebook、WhatsApp以及你每天所使用的其他種種社群媒體，都會推波助瀾。這到底是怎麼回事呢？

祕密就在於，你只去追蹤在社群網路中他們的意見或愛好投你所好的人。或者，你只允許和你志同道合的朋友出現在你的帳號上。於是，這些人喜歡你覺得好的那些事物，只會發送你所喜歡的圖片，而你則喜歡他們覺得好的那些事物。你們互相分享發文和照片，很快地，你就活在你自己小小的「回音室」（echo chamber）或「同溫層」裡，你在那當中感到舒適，因為每個人的意見都與你的意見相同。

「回音」一詞十分貼切，因為你在數位森林中發文，回應給你的正是你所期待的迴響。這就像是《長襪皮皮》（Pippi Långstrump）裡所說的：「我按自己喜歡的方式來創造世界！」問題是，如果你只是不斷得到自己的意見的鏡像，這不會讓你有所進步。事實上，這反倒會造成坐井觀天與自我中心。自從智慧型手機問世以來，同溫層的問題可說是日益嚴重，因為你能隨時隨地為你的意見找到認可。

長襪皮皮是瑞典童書作家阿斯特麗德·林格倫（Astrid Lindgren, 1907-2002）筆下一個家喻戶曉的人物。皮皮無所不能，她甚至可以乘著汽車飛行或舉起一匹馬。

總而言之，「過濾氣泡」與「同溫層」就宛如是你個人的資訊宇宙，你活在那裡頭，你的意見和想法都為它所左右。

哪裡還有自由意志的餘地呢？請你盡量別讓自己過度受到媒體每天餵給你的資訊所影響。請你保持對於其他的意見與觀點的開放態度。請保持好奇心！

過濾氣泡、假新聞與說謊媒體——我們如何避免被操弄？

美國第一位黑人總統巴拉克・歐巴馬對於「過濾氣泡」與「同溫層」的效應十分有感。針對他的假新聞在網路上蔓延，這導致了部分美國人群起抵制他。

同溫層與過濾氣泡會造成什麼問題？

歐巴馬從2009年到2017年年初擔任美國總統。然而，由於他是黑人，他也因此成了某些美國人的眼中釘。針對他刻意製造的假新聞在網路上迅速流傳。有人聲稱，歐巴馬並非在美國出生，因此根據現行法律，他不得成為美國的總統。

歐巴馬的反對者們情緒高漲地擁抱這個騙局，他們在像Facebook之類的平台上激憤地討論這件事。在同溫層中，他們不斷相互堅定彼此的信念。搜尋引擎所操縱的過濾氣泡也推波助瀾。於是，到了2010年時，約有四分之一的美國人相信這個關於出生地的謊言。事實上，這種說法完全錯誤，歐巴馬在1961年8月4日出生於美國夏威夷州，後來也才有資格獲選為美國總統。

2016年，有另一起案件引起了不小的轟動：某日，一名持槍男子衝入位於美國華盛頓特區的一家披薩店。他意圖用暴力剷除他所認為窩藏在該店地下室裡的兒童色情片集團。可是那家披薩店其實並沒有地下室，更遑論兒童色情片集團。究竟是什麼導致這名男子做出這種暴衝式的狂亂行為呢？

原來，他被在Twitter上傳播的假新聞所吸引，後來更逐漸感覺到自己有責任去終結在那家披薩店裡的犯罪活動。

你該如何擺脫資訊氣泡？

應該沒有人會想被別人說成是心胸狹窄、以自我為中心。然而，如果你去研究一下大多數使用者的上網行為，這種情況其實相當普遍。同溫層與過濾氣泡就是這背後的推手。

你該如何擺脫這種被侷限的資訊世界？為此，你必須變得主動。所能獲得的獎勵就是更大的自由——不（再）被他人操縱且保持視野開放的自由。

要做到這一點，你不妨參考以下的一些準則：別把Google看成只是搜尋引擎。你在Google上其實總是得到一些為你量身訂做的資訊。也因此，你才會在過濾氣泡中愈陷愈深。你不妨試試其他搜尋結果較為中性的搜尋引擎，像是美國的搜尋引擎DuckDuckGo。

經常清除瀏覽器的歷史紀錄和Cookie。如果你同時按住Ctrl、Shift和Del鍵，就能打開「刪除瀏覽歷史記錄」的視窗。在那裡，你可以選取你想刪除的內容。

如果你有使用像Facebook這樣的社群媒體，你不該只是給合你口味的發言按讚。你該試著對不同的觀點保持開放的態度。

如果你對政治和新聞感興趣，你不應將某份報紙設為首頁，而應切換到像是www.newstral.com這樣的新聞網站＊。好處是，你在那裡可以看到不同報紙和線上服務的頭條新聞與報導。

你在瀏覽網頁時會不斷地「被追蹤」，換言之，人們會監視你的上網行為，藉此對其進行分析，並在往後為你呈現合你口味的搜尋結果。不過，你倒是可以藉助像「Ghostery」這樣的附加元件（add-on）來防止這種情形。

附加元件是一種額外的程式。就Ghostery而言，它是一種瀏覽器的擴充套件，它能在使用者上網時，顯示會將使用者的數據資料傳送給第三方的隱藏服務。

＊ 編注：台灣讀者則可善用「Google新聞」（https://www.google.com/news）。

「clickbaits」就是所謂的「誘餌式標題」。它們旨在引誘網路使用者點擊某個影片或連結。誘餌式標題所營造出的誇張和聳動特別容易吸睛。

在報章雜誌上，人們會稱此為「引題」；在電視上，人們則會稱此為「預告」。重要的是，在這些標題中不會透露太多的內容。這會產生某種「資訊缺口」（或是「好奇心落差」〔curiosity gap〕），它們會引發讀者或觀眾的好奇，誘使他們繼續翻閱、觀看或點擊。

且讓我們舉個新聞方面的例子：一名男子持刀威脅了行人，行為人正在逃逸中。這時記者有多種不同的手法來「叫賣」關於這起事件的報導。比方說，他可以這麼寫：「男子襲擊行人！嫌犯仍在逃！」或者，他也可以這麼寫：「持刀凶手何時會再次犯案!?警方提出警告！」

第一種變體傾向於瞄準理智，第二種變體則傾向於瞄準情感，在這個例子裡，後者會讓閱聽者感到恐慌。大多數的閱聽者會對富有戲劇性的第二種版本比較有感。這也就是為什麼像《圖片報》那樣的小報，會賣得比像《法蘭克福匯報》（Frankfurter Allgemeine Zeitung）那樣更為注重客觀、明確的資訊的日報更好。

在網路上，許多網站都會採取前述第二種方式來操作。舉例來說，在www.heftig.de這個網站上，人們會利用像是「有19隻看起來像星星或某種物體的狗」或「馬桶座上的冬季危險每年奪走10,000條人命」之類的誘餌式標題來吸引關注。這些誘餌式標題背後經常隱藏著假新聞。你去觀看那些東西，不過是在浪費自己的時間。只要直接忽略它們就好。

刪除程序之後
——你是如何迷失在網路上？

我們如何判斷一項資訊？你不斷地在做決定；在Instagram、Facebook和網路搜尋上。你按讚、加入、決定點擊這個或那個。通常你都不會做很多的考慮。

在評估資訊上，重要的是，你花在理解資訊的時間。網路上的許多決定在你看來都沒有多大的意義。你喜不喜歡一段影片有什麼要緊呢？於是你在幾秒鐘內做出決定。然而，在你每天都做出許多如此微不足道的決定下，你很快就會習慣於根據直覺做出決定；就連像是學校實習的選擇，或貴重物品的購買等重要的事情也不例外。這是很有問題的，因為許多你所做出的選擇是無法藉由簡單的點擊撤銷。

在你做出決定前，你該仔細地考量與權衡。特別是在投票給某個政黨和贊成或反對某些重要的議題上，這點尤其重要。你應該先蒐集、審視各種資訊，然後才做出決定，選擇對你而言正確的道路。

我們的判斷力取決於我們的認知。你往往只會關注那些能夠支持你的偏見的內容。如果你在網路上發現與你的觀點有異的資訊，它們沒有多大的機會能被你關注。你很快就會陷入一種困境。專業術語稱此為「確認偏誤」（confirmation bias）。這種情況很容易在網路上發生，因為如果某些內容不合我們的意，我們馬上就會點到別的地方去，我們也馬上就能找到無數適合的陳述來支持我們的觀點。

7 網路霸凌與仇恨言論
Cybermobbing und Hate Speech

為什麼是我？

平均來說，每三人就有一人曾是網路霸凌的受害者。其中包括了被一大群人侮辱、誹謗或邊緣化，甚至於遭到威脅或蒙受性方面的羞辱。

霸凌受害者往往會歸咎於自己，然而，事實上，任何人都有可能成為霸凌者的目標，所有的事情都有可能被有心人拿來大做文章。這與一個人本身一點關係也沒有！

霸凌者會去霸凌別人有很多原因，其中大多數的人之所以會把別人踩在腳下，無非只是為了讓自己顯得更好。有時過去曾經遭受霸凌的受害者也會反過來成為霸凌的行為者，因為他們不想再次淪為受害者或意欲報復。

網路霸凌特別殘酷

如今霸凌經常會伴隨著網路霸凌，也就是說，現實世界的「類比霸凌」幾乎總會輔以「數位媒體的網路霸凌」。只不過，網路霸凌的情況往往其實更為嚴重。因為受害者隨時都能被找上；不僅在教室裡，就連晚上睡在床上或在週末期間也一樣。

而且霸凌者甚至無須顯示自己的真實身分。他們可以肆無忌憚地羞辱、侮辱受害者。由於他們在霸凌別人時沒有親眼見到對方，他們的心理障礙就會相對降低。他們感覺不到任何憐憫與悔恨。有別於在校園裡的一席愚蠢評論可能很快就會被遺忘，在網路上的霸凌發文往往會長久留存。行為者可以一次又一次享受霸凌他人的成果，而受害者則會不斷地受苦。此外，透過網路會在短時間內擴及許多人。換言之，對於受害者的傷害將不限於像班級這樣的小團體，而會非常

迅速地擴散到私人的生活領域。

　　人們或許會認為，這時被霸凌者可能會尋求父母的幫助，但他們通常都不這麼做。部分是因為他們擔心父母為了保護他們，可能會拿走他們的手機。不過，有時卻也會因為他們（理所當然地）擔心父母的介入，反倒會讓霸凌的情況更為加劇。事實上，受害者尋求幫助是非常重要的，因為他們難以獨自擺脫這種惡性循環。愈早設法去解決霸凌行為，實際終結霸凌的機會就愈大。

　　如果沒有人干預網路霸凌，後果對於受害者來說會是很可怕的。他們的感受可能會從自卑、哀傷到想要攻擊別人。有時被霸凌的受害者甚至會萌生自殺的念頭。例如，在加拿大，有位名叫亞曼達・托德（Amanda Todd）的女學生在15歲時走上了自殺的絕路；在自殺不久前，她在YouTube上發表了一段影片，講述了她遭受霸凌的痛苦遭遇。

網路有利於霸凌者匿名進行霸凌。

自我保護——
你該如何讓自己
不容易受人攻擊？

班恩覺得自己在學校裡很難與人交朋友。他覺得透過網路會比較容易。他在網路上透露了關於自己的一切，其中也包括他喜歡馬的事情。然而，很快地，他的同學們卻都開始叫他「女孩兒」。他是否透露了太多關於自己的事情？

真正的友誼需要時間培養。所以你總是得要好好地想一想，你要在網路上對誰說些什麼。不是每個人都需要你的地址、出生日期和手機號碼。而且你的密碼也不該透露給任何人！不要對個人的議題過於開放。否則的話，舉例來說，如果有人存心要給你難看，他可能會利用關於你的某些私密資訊讓你在他人面前出醜。你只能對真正的朋友吐露自己的情感世界與私人生活。

並非每張照片都得公開。對於自己先前曾在思慮不周下公開過某張不利於自己的照片，受害者後來往往都會感到十分懊悔；萬一那些照片落入有心人手裡，很容易就會被濫用成霸凌的工具。如果你有使用社群媒體，請你務必注意，別讓每個人都能看到你在網路上所做的一切。你可以藉由安全設置來實行防護。平台的營運者希望能從你身上獲得盡可能多關於你的數據，只有你自己可以阻止這一點。

如果你跟某個人很熟也處得很好，那麼，你不應該在線上，而應該面對面地與對方分享私事、擔憂、恐懼、慾望或愛的祕密。

你應該特別小心只是從網路上認識的「網友」。無論你是透過線上遊戲還是社群網路認識對方，請你總是牢記，你可能會誤判他們！

班恩起初「只」被嘲笑是個「女孩」，但他平日遭受霸凌的情況卻愈來愈嚴重。班恩感到十分地孤獨與無助。他很害怕即將到來的上學日和下一個接獲的訊息。他能夠做些什麼呢？

急救：你該如何保護自己？

由於羞恥或恐懼，班恩沒能及早求援。當他的直覺告訴他，他被其他的人給邊緣化，他那時或許就該做出反應。不過，即使是現在，卻也為時未晚。

請求援助：在單打獨鬥下，班恩幾乎無法擺脫霸凌。因此，他應該和自己的父母談一談，或是讓老師參與進來。如果班恩一開始羞於對他人啟齒自己遭霸凌的事，他可以撥打**「解憂專線」**：116111。在那裡，他可以免費且匿名地獲得相關的建議與協助。

蒐集證據：霸凌行為應該受到懲罰。在網絡霸凌方面，主管機關基本上很容易就能追查出哪些發文來自什麼人。因此班恩應該設法保全證據，例如，針對羞辱他的文字或圖像進行截圖，儲存照片和聊天紀錄，或是寫下誰在某次霸凌他的行為裡一起參與其中。憑藉這些證據，班恩就能告發這些霸凌者。

舉報霸凌：當霸凌者被 WhatsApp、Facebook 或 Instagram 警告甚或封鎖，有時會出現奇蹟。如果班恩被其他的使用者侮辱、誹謗、逼迫，他可以針對這些情況向這些線上服務提出申訴。這在線上服務的一般商務條款中會有規定。以 WhatsApp 為例，它的規定則是：「我們禁止濫用我們的服務及損害他人的有害行為。」

解憂專線（116111, www.nummergegenkummer.de）人人都能撥打。你也可以利用線上諮詢。你可以在本書的附錄中找到更多的協助資源！（編按，台灣讀者可撥打「安心專線：1925」獲得協助）

懲罰：什麼能夠威脅霸凌者？

「人性尊嚴不可侵犯。」這點明文規定於德國《基本法》第一條中。然而，網路霸凌卻是在侵犯人性尊嚴。法律如何保護受害者免於受到傷害呢？

奧地利《刑法》第107c條規定，在網路上、透過電話或是在廣播電視上持續妨害或騷擾他人，將被處以刑罰。人們也不許在其他人面前傷害某人的「名譽」，或是讓其他人得以取得某人的照片，違反者將面臨一年以下的有期徒刑。

不僅是照片和影片，就連某人的錄音，在你公開這些材料前，你都必須先徵得對方的同意。

雖然德國沒有特別的網路霸凌條款，不過霸凌者往往會同時觸犯《刑法》裡的多項規定，例如侮辱某人（第185條）、說別人的壞話（第186條）、強迫某人做某些事情（第240條）、威脅某人（第241條）*，以及在未經某人同意下轉發某人的錄音、錄影和照片（第201條）*等等。違反這些規定的人，輕則會被判處罰款，重則可能要面臨長達5年的徒刑。

在德國，青少年從14歲以上才要承擔刑事責任，但這並不代表更年輕的行為者可以全身而退（編按：台灣形況亦然）。民事責任適用於7歲以上的兒童。因此，受害者的父母可以透過律師向對方發出警告，要求對方不作為。換言之，霸凌者必須以書面形式表明自己將來不會再霸凌。霸凌者的父母必須為這項警告支付高昂的律師費。如果拒絕簽署停止霸凌聲明或再次霸凌，則必須面臨進一步的罰款甚至於訴訟程序。

* 編注：在台灣，霸凌者的行為可能會觸犯《刑法》的規定，包括侮辱（第309條）、誹謗（第310條）、強制（第304條）、恐嚇（第305、346條）、剝奪他人行動自由（第302條）、傷害他人身體或健康（第277、278條）等。
* 編注：在台灣，侵害人格權的行為則會觸犯《民法》（第195條）。

「hate speech」是英文詞彙，意即「仇恨言論」。它們往往是針對不同膚色、不同信仰、不同出身或不同性取向的人而來。人們往往會使用文字、照片或符號來貶抑這些人。

為何網路上會有這麼多的仇恨？

一直以來，都存在著謾罵其他族群的人這樣的事情。這樣的事情也總是錯的；無論謾罵所針對的是穆斯林、猶太人、基督徒、移民還是原住民。然而，在過去20年中，這種敵意卻是有增無減。

這有兩個原因：首先，如今我們有社群網路，每個人都能藉此迅速傳播自己的意見。其次，2001年9月11日所發生的「911事件」，徹底改變了這個世界。當時，激進的伊斯蘭主義者刺客，針對位於美國紐約的世貿中心（World Trade Center），發動了一場恐怖攻擊。這場恐攻造成了大約3,000人死亡。在這樣的情況下，對於激進的伊斯蘭主義者（radical Islamist）的恐懼，加劇了人們對穆斯林移民的偏見。

也因此，在德語國家裡，仇恨言論往往是針對穆斯林。而這也與日益增加的難民有關。

仇恨者常見的手法就是：他們會區分「自己人」與「他人」，而對他人總是給予負面的評價。如果他人之中有個人被逮到偷竊，散播仇恨言論的人就會立即將這起事件推論到這個人所屬的整個族群，接著，例如所有的難民，都會因此自動變成竊賊。個案就這樣被抹黑成通案。不僅如此，它們往往還會被加油添醋，然後整起件事就又成了網路上的仇恨言論。

恐怖就是故意擴散害怕和驚恐。為此，恐怖分子除了謀殺以外，他們有時還會進行公開處決並發布行刑的影片。

激進的伊斯蘭主義者意欲以神（真主）的名義，將國家改造成根據伊斯蘭教法、嚴格的穆斯林社會；或是根據他們是如何解釋伊斯蘭教（穆斯林的宗教）。在此過程中他們無懼於使用暴力。

你能如何對抗仇恨言論？

仇恨言論是本於斷言，而非本於事實。絕大多數沒有根據的斷言，你都可以憑藉事實與駁倒它們的論證對付之。例如：

斷言：我們無法收容所有的難民！

反駁：事實上，我們也無須收容所有的難民。因為大多數的難民都是在他們本國的某些地方避難，或是逃往與國土直接接壤的鄰國。在人口比例上，黎巴嫩收容難民的比例最高：2015年，同樣都以每1,000人為分母，黎巴嫩平均每千人收容了約183名難民，土耳其約32人，瑞典約17人，奧地利約10人，德國則只有5人。

斷言：恐怖分子會跟著尋求庇護的人混入我們的國家。

反駁：許多難民都在自己的故鄉因恐怖攻擊而失去了親戚或朋友，他們自己甚至也曾在這類攻擊中倖免於難。他們和我們一樣害怕在這個國家裡發生恐怖攻擊。

斷言：難民好吃懶做！

反駁：難民不是來德國工作，而是因為他們遭受迫害，或是不得不逃離戰爭和恐怖。因此，我們的國家給予他們保護（庇護）。不過，獲得許可的政治庇護申請者，倒是能夠從事某種職業。其餘的難民則可在一定的條件下，在我們的國家裡工作。

斷言：庇護政策只是在浪費我們的錢。

反駁：政治庇護申請者今後可以幫助我們與阿拉伯國家建立更好的聯繫。因為他們不僅了解自己的語言和文化，也對我們的語言和文化有所認識。

斷言：戴頭巾的女性根本無心融入我們的社會。

反駁：戴頭巾的動機不一而足，與融入的意願完全無

關。許多婦女之所以戴頭巾是出於宗教或文化的原因。在我們的民主制度裡存在著宗教自由，而這也明訂於《歐洲聯盟基本權利憲章》（Charter of Fundamental Rights of the European Union）中。

斷言：根本就沒有**大屠殺**這回事！

反駁：確有其事！猶太人、同性戀者、羅姆人（Roma）、辛提人（Sinti）以及其他族群，在第三帝國中慘遭納粹分子大規模殺害，這是一個無可爭辯且不容否認的事實。任何否認此事的人，都有可能被處以刑罰。

如果你正在尋找更多的論點，或是你想更深入地研究仇恨言論，你不妨上德國聯邦政府所資助的www.no-hate-speech.de這個網站上獲取相關資訊。

庇護（asylum）一詞源自古希臘語，意思是「安全」。獲得庇護的人，至少在生命上有了一定的保障，而且可以獲得一個能夠遮風避雨的地方。

大屠殺（holocaust）一詞同樣也源自古希臘語，意思就是「完全燒毀」。從大約1970年起，這個詞彙就被用來指涉納粹時期針對數百萬歐洲猶太人所為的謀殺。希伯來文中的「shoah」一詞也有同義的用法，其本意則是「大災難」、「浩劫」。否認大屠殺，最高可判處5年以下的有期徒刑。

民眾運動組織「Campact」的活躍分子在2018年時，挺身而出抗議網路上的仇恨新聞。

對抗網路仇恨的政策是什麼？

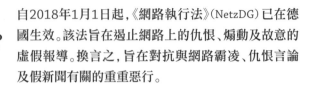

自2018年1月1日起，《網路執行法》(NetzDG)已在德國生效。該法旨在遏止網路上的仇恨、煽動及故意的虛假報導。換言之，旨在對抗與網路霸凌、仇恨言論及假新聞有關的重重惡行。

然而，這項法律卻僅適用於Facebook、Twitter與YouTube等社群媒體，而不適用於像WhatsApp之類的即時通訊服務或電子郵件。這項法律究竟有些什麼具體的規定呢？

如果有人在某個網路平台上，針對像是仇恨言論之類明顯違法的內容提出申訴，平台營運商就有責任在24小時內檢查該內容，必要時也應將違法內容移除。如果他們不這樣做，將面臨高達5,000萬歐元的罰款。

許多使用者都歡迎此一規範，它迫使像Facebook這樣的企業持續且迅速地對於仇恨言論、威脅或侮辱做出回應。不過，批評者卻擔憂，這項法律會長期傷害言論自由，因為，為了避免遭到罰款，線上服務的營運商可能會乾脆迅速且未經檢查即刪除遭申訴的內容。無國界記者（Reporters without Borders）則批評說，這項法律將使民間的營運商成為「網路上的新聞自由與資訊自由的法官」。

這項法律是否有用或者運作良好，如今尚無定論。在該法上路了大約半年之後，Facebook已經封鎖或刪除了遭到舉報的1,704則貼文中的362則，約莫每天一則。在Twitter上，265,000件遭投訴的發文中有26,000個被刪除。至於在YouTube上，則有214,827個影片遭人檢舉，其中有超過四分之一被刪除。

德國每天約有1,700萬人使用Facebook，60萬人使用Twitter（2018年1月的統計）。

過濾氣泡、假新聞與說謊媒體——我們如何避免被操弄？

諮詢與協助的資源

如果在（網路）霸凌、（媒體）成癮、生活危機、心理問題、自殺念頭、性騷擾、暴力或其他問題方面需要諮詢與協助，不妨參考以下的資源。

德國：
www.nummergegenkummer.de
兒童與青少年求助電話：
電話：116111（週一～週六，14:00～20:00）
電子信箱：info@nummergegenkummer.de
青少年諮詢青少年：
電話：116111與0800-111 0 333（週六，14:00～20:00）
父母專線：0800-111 0 550（週一～週五，09:00～11:00；週二～週四，17:00～19:00）

telefonseelsorge.de
電話：0800-111 0 111與0800-111 0 222與116 123
提供電子郵件諮詢與聊天室諮詢

www.ins-netz-gehen.de
提供線上諮詢及媒體依賴的自我檢測

www.juuuport.de
提供線上諮詢

www.jugendnotmail.de
提供線上諮詢與聊天室諮詢

www.youth-life-line.de
提供自殺問題的線上諮詢

www.sexundso.de
提供線上諮詢

www.sextra.de
提供線上諮詢

奧地利：
www.rataufdraht.at
電話：147；提供線上諮詢與聊天室諮詢

beratungsstelle.counteract.or.at
電話：+43 (0)1 236 55 34（週一～週三，09:00～16:30；週
四，10:00～18:30；週五，09:00～15:00）
提供電子郵件諮詢

瑞士：
www.147.ch/de
電話與簡訊：147
電子信箱：beratung@147.ch

台灣資訊：

衛福部網路霸凌心理諮詢「安心專線：1925」

https://dep.mohw.gov.tw/DOMHAOH/cp-341-29918-107.html

電話：1925（24小時免付費）

提供電話諮詢

教育部防制校園霸凌專線

電話：0800-200-885（24小時免付費）

提供專線投訴

台灣展翅協會

http://www.web885.org.tw

提供線上匿名諮詢

張老師基金會

www.1980.org.tw

電話：1980（週一～週六，09:00～21:00；週日，09:00～17:00）

電子信箱：1980@1980.org.tw

提供電話與電子郵件諮詢

白絲帶關懷協會

http://www.cyberangel.org.tw/tw/

提供網路成癮自我檢測表

點擊小建議：關於媒體的一切

www.klicksafe.de

歐洲網路安全倡議；在青少年的專屬網頁上，有大量關於數位生活的資訊與建議。

www.saferinternet.at

安全使用網路與數位媒體的建議；提供青少年關於Whats-App、Instagram與Snapchat的隱私安全指南。

www.mediennutzungsvertrag.de

在這裡，你可以輕鬆地在線上訂立媒體使用協議。

www.handysektor.de

關於數位日常生活（智慧型手機、平板電腦，App等）的建議，還有關於安全使用網路的資訊。

www.checked4you.de

「北萊茵－西伐利亞消費者中心」（Verbraucherzentrale Nordrhe-in-Westfalen）所屬的線上青少年雜誌；其中包括對抗剽竊的建議。

checkdeinpasswort.de

在這裡，你可以檢查自己的密碼，獲得製作高安全性密碼的提示。

www.blogkiste.com

提供給初學者與專業人士撰寫部落格的建議與技巧。

www.kompass-social.media
關於YouTube、Snapchat與Instagram等熱門App的評論和建議。

www.creativecommons.org
在這裡，你可以找到一些在特定條件下能夠自由使用或轉發的照片。

www.archive.org
屬於公益性質的網路檔案館，收集的內容包括了網站、文章、書籍、影音資料、影片、圖片及軟體等。

www.bildblog.de
對於各種媒體的批判性分析。

euvsdisinfo.eu/de
專門揭露俄羅斯假新聞與假資訊的網站；歐盟對外事務部所屬的「東方戰略司令部工作組」（East Stratcom Task Force）負責執行的一項宣傳運動。

faktenfinder.tagesschau.de
德國公共廣播聯盟所屬網站，旨在揭露假新聞並提供各種相關背景資訊。

www.newstral.com
集合各種報紙的頭條新聞及報導的一個網站。

www.mimikama.at
「網路濫用教育協會」（Verein zur Aufklärung über Internetmiss-

brauch）所屬網站；提供假新聞、連鎖信、使用者權利等許多
方面的相關資訊。

www.hoaxsearch.com/search
專門在追蹤假新聞的搜尋引擎。

hoax-info.tubit.tu-berlin.de
「惡作劇病毒資訊服務」（Hoax-Info-Service）所屬網頁；提供假
新聞、連鎖信、假病毒警報等方面的相關資訊。

citizenevidence.amnestyusa.org
「國際特赦組織」（Amnesty International）所屬的 YouTube 數據
資料閱覽器，用於 YouTube 影片的背景研究。

www.stopline.at
在網路上舉報兒童色情與納粹主義的登記網站。

no-hate-speech.de
「歐洲理事會」（Council of Europe）在全歐推動的反對網路仇恨
言論的運動；提供反駁論述的建議。

www.proasyl.de/thema/rassismus/fakten-gegen-vorurteile
提供反駁仇恨言論與種族主義的建議。

www.bsi-fuer-buerger.de
「德國聯邦資訊安全辦公室」（Bundesamtes für Sicherheit in der
Informationstechnik）提供的免費資訊；在這裡，你可以找到
關於使用網路最新的病毒警告與安全說明。

www.jugendschutz.net

「德國聯邦暨各邦兒童與青少年網路使用保護中心」（Kompe-
tenzzentrum von Bund und Ländern für den Schutz von Kindern und
Jugendlichen im Internet）所屬網站；這個單位會要求網路服務
供應商，必須遵守未成年人的保護規範，也必須相應地修
改、刪除或禁止未成年人使用不符保護規範的服務。

www.internet-beschwerdestelle.de/de/index.html

人們可在「網路投訴站」（Internetbeschwerdestelle）這個網站上
舉報垃圾郵件及非法或有問題的線上內容。

台灣資訊：

https://nga.moe.edu.tw/
在這裡，你可以下載「網路守護天使軟體」來阻擋不當網站，
並且設定合理的上網時間。

http://twb.moe.edu.tw/index.html
人們可以在此舉報垃圾郵件，以及非法或有問題的線上內容。

http://www.web547.org.tw/web5472010/hotline.htm
在網路上舉報兒少色情的登記網站，以及內容違法、分級錯
誤的電腦遊戲軟體。

https://fact-checker.line.me/
LINE成立的「官方訊息查證平台」；當你收到或看到可疑的
消息時，可轉傳訊息到這個帳號求證，杜絕假新聞。

https://www.ey.gov.tw/Page/5519E969E8931E4E
行政院即時新聞澄清。

https://news.google.com/
「Google新聞」集合了各種報紙的頭條新聞及報導。

搜尋引擎：Google 的替代選擇

www.startpage.com
號稱不會儲存任何使用者數據的搜尋引擎；搜尋要求會由 startpage.de 以匿名的方式轉給 Google。

metager.de
德國漢諾威大學（Universität Hannover）所屬的搜尋引擎，號稱不會儲存任何使用者數據。

www.ecosia.org
這個搜尋引擎的 80% 收益全都捐給公益環保組織；它的搜尋結果則是由搜尋引擎 Bing 所提供。

cliqz.com
搜尋引擎兼瀏覽器；號稱不會儲存任何使用者數據，保護使用者免於被追蹤。

duckduckgo.com
搜尋引擎，號稱不會儲存任何使用者數據，從而也能防止過濾氣泡。

即時通訊軟體：
WhatsApp的替代選擇

Threema

瑞士的即時通訊軟體，具有高安全性與「端到端加密」（end-to-end encryption，簡稱 E2EE）。

Signal

這項服務由於其高度的資料安全性獲得資安專家大力推薦；具備「端到端加密」。

十分有益的App與程式

Cyber-Mobbing Erste-Hilfe-App
「歐洲點擊安全倡議」（EU-Initiative klicksafe）所屬的免費App，能為遭受網路霸凌的當事人提供極有助益的各種建議。

Cyberhelp
「媒體暨網路成癮基金會」（Stiftung Medien- und Online-sucht）所屬的免費App，能為成癮危險族群提供諮詢。

SPACE
幫助實行手機齋戒的App。

AppDetox
幫助實行手機齋戒的App。

(OFFTIME)
幫助實行手機齋戒的App。

Ghostery
防止追蹤的附加元件。

詞彙表

帳號（account）：帳號是使用者在某個網路服務登記藉以辨識的名稱，如此才能利用例如設定電子信箱位址或線上個人簡介等功能。建立帳號通常需要一組使用者名稱與密碼。

一般商務條款（general terms and conditions of business）：這是事先擬好的契約條款，當人們想要使用某個網路服務的功能，就必須接受這些條款的內容。一般商務條款往往既冗長、又費解。儘管如此，還是應該花點工夫仔細閱讀，才不會在不經意下允許某個網路服務或某個App取用我們的個資。

演算法（algorithm）：電腦為了執行它的功能，需要編程或演算法。演算法會一步一步給予電腦指令，處理某些數據資料。舉例來說，藉助演算法，導航系統便可為你的行車計算出最短或最快速的路徑。

另類事實（alternative facts）：這個詞彙本身就自我矛盾，因為事實並無另類可言。美國總統川普的顧問凱莉安妮·康威於2017年1月首度使用這個詞彙，藉以把顯然並非事實的事情硬說成是事實。「另類事實」一詞在2017年被選為「年度不當之詞」。評審團指出，這個掩飾且誤導的表述，試圖以文雅的方式將虛假的陳述化為公共論述的合法工具。

應用程式（App）：App是「application」一詞的簡寫，意即「應用」。App就是安裝在智慧型手機或平板電腦上的小型程式。許多App一開始使用都無須付費，不過如果要使用更多的功能就得付錢。某些App也會暗中監視使用者的數據。在安裝某個App前，我們應該先仔細閱讀一下它的一般商務條款。

草根行銷（astroturfing）：所謂的草根行銷，是用來影響規模較大的群體對於某個議題的看法。為此，人們會藉由像是大量的發文，給予個人一種「彷彿大多數人都對某個議題抱持著什麼看法」的印象。因此，它可說是一種「偽草根運動」。

部落格（blog，web-log）：所謂的部落客會在某個網頁上經營某種公開的日誌。個人的意見和經歷會在那上頭發表。如果部落格是在一個像Twitter那樣發文內容十分簡短的平台，則稱之為「微博」。

軟體機器人（bot）：「bot」是英文「robot」的簡寫。軟體機器人是軟體程式，它們會自主地拜訪網站、跟蹤個別的連結、相互連結網頁、回應主題標籤、跟蹤其他使用者與網路上的其他軟體機器人或入侵伺服器。軟體機器人會模仿人類使用者的行為，因此人們往往看不出它們是程式。另可參閱「社交機器人」。

瀏覽器（browser）：瀏覽器是一種程式，它能讓使用者在網際網路上提取網頁，使它們顯示在電腦螢幕上。許多機器會內建特定的瀏覽器，例如Internet Explorer或Safari。人們當然也能選擇使用別的瀏覽器。

聊天（chat）：「chat」有聊天、閒聊的意思。網路聊天就是在網路上與他人相會跟交談。在所謂的「聊天室」裡，往往會同時有多人一起進行交談。人們也能透過即時通訊軟體互相聊天，這時通常都只有兩人參與。

聊天室（chatroom）：在聊天室裡，你可以與他人在群組裡交流。這些聊天室往往會有人看管，亦即受到監督。

點擊誘騙（clickbaiting）：「clickbaiting」意即引誘人去點擊。某人利用一個簡短、聳動的標題引誘閱聽者去點擊一篇文章或一段影片。利用所謂的「誘餌式標題」，人們可以透過網路廣告賺取龐大的收益。

網路霸凌（cyberbullying）：受到霸凌的人持續處在被他人攻擊的狀態。他會長期遭受某個規模更大的群體折磨、排擠、作弄。在網路霸凌方面，這種折磨則是透過網路上的社群媒體。在這種情況下，受害人既得不到安寧、也找不到任何避風港，而且經常還得面臨有愈來愈多人一起加入霸凌。

回音室（echo chamber）：俗稱「同溫層」。一個人在社群網路上如果主要都是被持同樣意見的人所圍繞，他的觀點就

會變得狹隘。因為在這樣的環境下，他自己的意見總會受到支持（得到「回音」），他也會得到「很多人都對某件事具有類似看法」的印象。另可參閱「過濾氣泡」。

電子郵件（E-mail）：「E-mail」的意思就是電子郵件，E代表電子，mail代表郵件。電子郵件會從一台電腦寄發給其他的電腦。為此，人們需要連上網路。

端到端加密（end-to-end encryption）：藉由端到端加密，某人透過網路傳送給另一個人的資料或訊息，會被以加密的方式傳送。除了寄件者與收件者以外，沒有任何人與任何電腦系統能夠取用被發送的資料。

假帳號（fake account）：所謂的假帳號，就是真實的帳號所有者隱藏在一個虛假的身分背後，亦即刻意冒充成別人。

假新聞（fake news）：這個詞彙是由「fake」（假）與「news」（新聞）所組成，意思就是虛構、造假的消息或報導。它們背後隱藏了誤導、欺騙或影響閱聽大眾的意圖。假新聞往往會透過社群網路傳播。

過濾氣泡（filter bubble）：許多網站內嵌的運算法會透過使用者的搜尋歷史、點擊行為、所在位置等，提供給使用者符合他至今行為的搜尋結果或建議。換言之，它們會過濾資訊，將資訊區分成可能會符合使用者喜好與可能不符合使用者喜好的資訊。如此一來，使用者很容易就會被隔離在某種「氣泡」裡，這樣的氣泡會隔絕特定的資

訊。一個人如果想在網路上客觀、就事論事地獲得關於某項主題的資訊，就應該選擇不會蒐集任何使用者數據的搜尋引擎。

權力分立（separation of powers）：權力分立指的是，為了防止權力濫用、維護法治、保障公民的基本自由，國家權力被分給不同的部門掌理。權力分立是民主法治的基礎。在這當中，國家權力分為「立法」、「行政」與「司法」三大部門。

草根運動（grassroot campain）：所謂的「草根運動」，就是由基層民眾發起的政治運動或社會運動。

仇恨言論（hate speech）：在網路上惡意且輕蔑他人的評論。仇恨言論往往會針對特定族群，且含有種族主義、反猶太主義或性別歧視的內容。

大屠殺（holocaust）：「holocaust」一詞源自古希臘語「holo-kaustos」，意思是「完全燒毀」。人們用這個詞彙來指涉殺害大量的人（種族屠殺），尤其是指納粹掌權期間大規模謀殺歐洲的猶太人。

首頁（homepage）：一個網頁或網站通常會有多個頁面。人們稱第一個頁面（起始頁面）為「首頁」。個人網站通常也會被稱為「首頁」；即使它是由多個頁面構成。

應用程式內購（in-app purchase；IAP）：許多乍看之下似乎是

免費的App，若要使用其中更多或更高級的功能就得額外付費。許多遊戲的App就是如此。如果想要獲取額外的功能，可以透過所謂的「應用程式內購」購買。費用多半不是很高，但卻會誘使你獲取更多額外的功能，並且很容易對費用支出失去控制。

即時通訊軟體（instant messenger）：藉助即時通訊軟體，兩人或多人可以透過文字訊息互相交談。它們往往還有寄送圖片或影片的功能。「instant messaging」意思就是「即時通訊」。

網際網路協定位址（IP address）：網際網路協定位址就是在以網際網路協定為基礎的電腦網絡裡的一個位址。類似於郵件地址，它們使得連到網路上的電腦可被聯絡上，從而讓某個使用者可將數據資料傳遞給其他的使用者。

按讚（like）：在Facebook，如果人們覺得某些內容不錯，就可以按讚，也就是表示我喜歡的按鈕。

連結（link）：「link」意即「連結」。連結就是與某個網頁的聯繫紐帶，按下它們，人們就能自動連上那個網頁。

惡意軟體（malware）：惡意軟體就是在他人電腦系統上進行破壞或監視的程式。諸如病毒、電腦蠕蟲、特洛伊木馬、間諜軟體、恐嚇軟體與勒索軟體等，都屬於惡意軟體。

言論自由（freedom of speech）：在德國，人人都能表達自己

心裡所想的事，只要不違反現行的法律，例如侮辱或誹謗任何人。德國《基本法》的第5條第（1）項保障了言論自由。

通訊軟體（messenger）：簡訊服務；另可參閱「即時通訊軟體」。

元搜尋引擎（meta search engine）：元搜尋引擎會將搜尋要求轉給多個傳統搜尋引擎的數據庫。

微博（microblog）：參閱「部落格」。

新聞（news）：針對剛剛發生的、閱聽大眾會感興趣且對於社會大眾具有重要性的事件所做的報告。新聞應該清楚、真實且易於理解，不能帶有價值判斷，還要盡可能簡潔。

使用者（user）：舉凡在網路上活動或使用某些服務（例如閱讀、聊天或遊戲）的人，通稱為使用者。

密碼（password）：許多網路服務的使用都需要先申請一個帳號。在登入時，除了使用者名稱外，還得輸入一組密碼。為了不讓密碼被人得知，從而帳號遭人濫用，密碼的設定不宜過於簡單，例如不宜採用使用者的姓名或生日做為密碼。

民粹主義（populism）：「populism」一詞源自拉丁文的「populus」，意即「人民」。民粹主義者會說些民眾愛聽的話，

藉以贏得民眾的支持。為此,他們往往會簡化複雜的脈絡,承諾某種簡單的解答。他們會以民眾的代言人自居,藉此把自己與民眾跟菁英者(主要是政治家與經濟領袖)區隔開來。民粹主義者會宣稱,這些菁英不懂民眾的心聲,從而也不會照顧民眾。

發文(post):「post」一詞有「張貼」之意,在網路上引申為「發文」之意。當人們在例如Facebook上發表評論、圖片或影片時,都能使用這個詞彙來指涉發表的動作。

後事實(post-factual):「post-factual」一詞,是由拉丁文的「post」(「後」的意思),加上「factual」(「事實的」、「真實的」的意思)組合而成。「後事實」所指的是,一個論述不再根據事實、而是根據意見與情緒的時代。

新聞自由(freedom of the press):記者在德國享有一種特別的保護。它被規定在德國《基本法》的第5條第(1)項:「新聞自由與透過廣播電視及電影的報導自由受到保障。不許採取任何審查。」

宣傳(propaganda):「propaganda」一詞源自拉丁文的「propagare」,意思就是「繼續傳開」或「傳播」。進行宣傳的人會嘗試有系統地散布自己的政治觀點、思想或世界觀,進而在思想與行為上影響其他的人。為此,人們會有目標地動用各種媒體。

挑釁(provocation):挑釁是指刻意挑撥、激怒他人的行為。

例如，人們會對某人講些不堪入耳的話，藉以刺激對方情緒化地（像是暴怒）對此做出回應。

來源（source）：來源所指的是某項資訊或某張圖片的著作權人或出處。如果想要引用他人所寫的文章或轉貼他人製作的照片，就得標明來源，以免觸犯著作權法。在報章雜誌或網頁上，通常可以在版權說明中找到來源指示。人們往往也會將來源註記在一篇文章或一張照片下。

螢幕截圖（screenshot）：螢幕截圖就是將目前螢幕或顯示器上所顯示的畫面拍下的照片，通常可藉由按下特定的按鍵組合來產生螢幕截圖；各種機器的截圖按鍵組合或有不同。

智慧型手機（smartphone）：智慧型手機是附有許多功能的手機，幾乎可說是一部小型的電腦。除了打電話與收發簡訊，還能上網、拍攝照片或影片、播放音樂。透過各種App，亦能擴充智慧型手機的功能。智慧型手機的確非常實用，卻也很容易變成錢坑，除了上網的資費外，有時還得為許多App支付不少金錢。

社交機器人（social bot）：社交機器人是會自動運作的程式，在社群網路上模仿人類使用者的行為。它們往往擁有自己的帳號，甚至還會請求交友。人們會利用社交機器人在社群網路上操作假新聞，藉此達到操弄輿論的目的。

社群媒體（social media）：社群媒體泛指在網路上幫助互相交

換各種內容的所有技術與服務。它們可以是關於溝通的（例如社群網路），新內容製造的（例如維基百科），也可以是內容分享的（例如影音入口網站）。

社群網路（social network）：社群網路（例如Facebook）是線上的平台，這類平台可讓許多人在上頭相互溝通、建立聯繫、透過文字與圖像進行交流。使用時，得要輸入自己的個人資料。

垃圾郵件（spam）：垃圾郵件是指透過電子郵件寄送、人們並不樂於收到的廣告。可以藉助垃圾郵件過濾器來保護自己免受其害。

搜尋引擎（search engine）：搜尋引擎可以幫助我們迅速找出關於特定主題的網頁。只要將關鍵字輸入搜尋欄，接著就能獲得能夠前往相關網頁的連結。

分享（share）：例如在Facebook上，我們想要讓某人也看看某篇文章，則可以「分享」給對方。

網路追蹤（web-tracking）：所謂的「網路追蹤」指的是，使用者在網路上瀏覽時遭到密切注視。在這些追蹤行為的背後，往往隱藏著廣告服務供應商或數據分析師。藉助一套複雜的技術，他們可以詳細看到一位使用者都瀏覽了些什麼樣的網頁。藉由從中獲取的數據，便能得出使用者的個資輪廓，進而針對使用者推銷商品。

特洛伊木馬（Trojan horse）：人們將經過偽裝的有害軟體稱為特洛伊木馬。它們表面上看起來就像是無害的應用程式，但卻包藏著會盜取密碼或刪除檔案的有害軟體。

酸民（troll）：酸民一詞指的是，在社群媒體上刻意操作錯誤資訊（假新聞）或利用挑釁來干擾溝通的人。「troll」一詞源自「trolling with bait」（「拉餌釣魚」），描述的是一種釣魚技巧。酸民會引誘其他的使用者，藉以針對性地刺激他們，把他們捲入對話中。常會有其他委託人（例如想在網路上帶風向的人）付錢讓酸民去做這樣的事。酸民往往會利用軟體機器人有系統地在網路上散布他們的惡意。

著作權（copyright）：作家、藝術家、音樂家、攝影師或其他創作者所創作的作品受到版權的保護。這意謂著，文章、影片、圖片或錄音在未經創作者事先允許下，不得複製或公開。違反者將受到刑事處罰。

統一資源定位符（URL）：「URL」指的是，人們可在瀏覽器的位址欄裡輸入的網路位址。URL是「uniform resource locator」的縮寫，意即「統一資源定位符」。

病毒（virus）：電腦病毒是一種會給電腦、平板電腦或智慧型手機帶來損害的程式。人們可能會因接收一封電子郵件，或從網路上下載檔案而遭到病毒入侵。因此，來自不明寄件人的電子郵件不該開啟，而且最好立即刪除。此外，為了防止惡意程式入侵，應安裝最新的防毒軟體。

網路（web）：「web」是「world wide web」（全球資訊網）的簡稱。如今人們還將web區分成不同的版本。在Web 1.0中，人們主要可用網路來收發電子郵件與在網頁上獲取資訊。Web 2.0的特徵則是使用者本身可以參與網路內容的創造，例如經營部落格、發布影片、透過社群網路相互交流等等。Web 3.0的目標之一，在於最佳化能夠獨立評估各種數據與內容的搜尋引擎，藉以獲得更好的搜尋結果。Web 4.0常被等同於所謂的「物聯網」（internet of things，簡稱IoT）；在這當中，各種不同的機器會互相交換數據資料，進而促使我們的生活更為便利。舉例來說，冰箱不但可以辨識牛奶已經喝光，還會透過智慧型手機通知我們去購買。

網頁（web page），網站（website）：網頁就是在全球資訊網中的某個頁面。網站則是某個網點的所有網頁的整體。

維基（Wiki）：維基是個人人都能參與合作的網站。每個人都能提供、補充或刪減稿件。人們也可以增添圖片和影片。最知名的維基當屬維基百科，一部全面性的線上百科全書。「Wiki」一詞源自夏威夷語「wiki wiki」，意即「快點快點」。

全球資訊網（WWW）：「WWW」是「world wide web」的縮寫，譯為「全球資訊網」。全球資訊網其實是網路的一部分，儘管這兩個詞彙常被混為一談，因為全球資訊網最常為人所使用。人們可以藉助瀏覽器活動於全球資訊網，在那裡取用各種網頁。

向下扎根！
德國教育的公民思辨課 7——
過濾氣泡、假新聞
與說謊媒體——
我們如何避免
被操弄？
有自覺使用媒體的第一步

Nachgefragt: Medienkompetenz in Zeiten
von Fake News
© 2019 Loewe Verlag GmbH, Bindlach
through Jia-xi Books Co. Ltd., Taipei
Complex Chinese translation © 2019
by Rye Field Publications,
a division of Cité Publishing Ltd.
All rights Reserved.

向下扎根！德國教育的公民思辨課.7,
「過濾氣泡、假新聞與說謊媒體——我們如何
避免被操弄？」：有自覺使用媒體的第一步／
曼佛雷德・泰森（Manfred Theisen）文；
薇瑞娜・巴浩斯（Verena Ballhaus）圖；
王榮輝譯.－初版.－台北市：麥田出版：
家庭傳媒城邦公司發行，2019.10
譯自：Nachgefragt : Medienkompetenz in
Zeiten von Fake News: Basiswissen zum
Mitreden
ISBN 978-986-344-692-7（平裝）
1.新聞學 2.大眾傳播 3.媒體素養
541.83   108014854

封面設計   廖韡
印　　刷   漾格科技股份有限公司
初版一刷   2019年10月
初版八刷   2024年09月

定　　價   新台幣299元
Ｉ Ｓ Ｂ Ｎ   978-986-344-692-7
Printed in Taiwan
著作權所有・翻印必究

作　　者   曼佛雷德・泰森（Manfred Theisen）／文
             薇瑞娜・巴浩斯（Verena Ballhaus）／圖
譯　　者   王榮輝
責任編輯   林如峰
國際版權   吳玲緯
行　　銷   闕志勳　吳宇軒　余一霞
業　　務   李再星　李振東　陳美燕
編輯總監   劉麗真
事業群總經理 謝至平
發 行 人   何飛鵬

出　版

麥田出版
115台北市南港區昆陽街16號4樓
電話：(02)2500-0888　傳真：(02)2500-1951
網站：http://www.ryefield.com.tw

發　行

英屬蓋曼群島商家庭傳媒股份有限公司城邦分公司
地址：115台北市南港區昆陽街16號8樓
網址：http://www.cite.com.tw
客服專線：(02)2500-7718; 2500-7719
24小時傳真專線：(02)2500-1990; 2500-1991
服務時間：週一至週五09:30-12:00; 13:30-17:00
劃撥帳號：19863813　戶名：書虫股份有限公司
讀者服務信箱：services@city.my

香港發行所

城邦（香港）出版集團有限公司
地址：香港九龍土瓜灣土瓜灣道86號順聯工業大廈6樓A室
電話：+852-2508-6231　傳真：+852-2578-9337
電郵：hkcite@biznetvigator.com

馬新發行所

城邦（馬新）出版集團【Cite(M) Sdn. Bhd. (458372U)】
地址：41, Jalan Radin Anum, Bandar Baru Sri Petaling,
57000 Kuala Lumpur, Malaysia.
電話：+603-9057-8822　傳真：+603-9057-6622
電郵：cite@cite.com.my